ÉTUDE

SUR

LES ÉGLISES

DE

La Ferté-sous-Jouarre

(SEINE-ET-MARNE)

Par M. L. BOBARD

CURÉ-DOYEN

MEAUX

IMPRIMERIE VALERY POULAILLER

17, RUE SAUVÉ-DELANOUE, 17

—

1895

Illos tuos misericordes oculos ad nos converte

O Vierge, tournez vers nous vos regards pleins de miséricorde.

Cette statue qui est le plus précieux ornement de l'église de La Ferté est du xive siècle, provenant, sans doute, de l'église Saint-Etienne.

A cause de son expression de bonté souriante, nous pensons être en face d'une représentation de Notre-Dame de la Merci.

En 1830, elle fut sauvée des profanations de quelques mauvais sujets par Mlle Cocard, de pleuse mémoire.

ÉTUDE

SUR

LES ÉGLISES

DE

LA FERTÉ-SOUS-JOUARRE

ÉTUDE

SUR

LES ÉGLISES

DE

La Ferté-sous-Jouarre

(SEINE-ET-MARNE)

Par M. L. BOBARD

CURÉ-DOYEN

MEAUX

IMPRIMERIE VALERY POULAILLER

17, RUE SAUVÉ-DELANOUE, 17

1895

CHERS PAROISSIENS

En ce jour du 17 Décembre 1895

Vingt-cinquième anniversaire

DE MON ORDINATION SACERDOTALE

(1870)

Et dans le cours de la vingt-cinquième année
de mon arrivée au milieu de vous comme Vicaire

(Septembre 1871)

JE VOUS DÉDIE CET OPUSCULE

Contenant une Etude sur les différentes Eglises de La Ferté,
depuis les Origines de la Ville

Daignez accueillir ces pages comme un témoignage de mon affection sacerdotale.

J'ai offert à Dieu, comme une prière pour vous, les longues recherches et les veillées prolongées consacrées à ce travail.

Puissiez-vous à votre tour, en lisant ces notes qui vous rappelleront le passé religieux de notre Cité, vous encourager à prier comme vous travaillez, et croyez que là est le secret du bonheur que Dieu veut vous procurer, et que je désire ardemment pour vous.

L. BOBARD,

Curé-Doyen de La Ferté-sous-Jouarre

NOS SOURCES

C'est dans *Toussaint Duplessis* (Histoire de l'Église de Meaux) que nous avons puisé les principaux renseignements de la première partie de notre travail.

Nous avons composé la deuxième partie de cette étude avec un *journal tout à fait inédit*, tenu par un vicaire de La Ferté, devenu curé de cette ville, dans les années qui vont de 1614 à 1637.

Ce document, difficile à lire, paraît avoir rebuté la bonne volonté de plusieurs lecteurs, qui, de guerre lasse, l'avaient classé comme un simple catalogue de décès et de mariages.

Il n'en est rien.

M. Duchesne, c'est le nom de l'auteur, écrit au jour le jour tout ce qui se passe sous ses yeux.

De sorte que, si nous extrayons de son manuscrit ce qui se rattache à la religion, il nous semble apercevoir, dans ce coup d'œil rétrospectif, la paroisse de La Ferté, avec l'antique vie religieuse qu'elle avait en ces années déjà bien lointaines.

Les *Registres de l'état civil* de La Ferté nous ont fourni la troisième partie de notre ouvrage comprenant le XVIIIe siècle, et tout particulièrement la période révolutionnaire.

AVANT-PROPOS

~~~~~~~~

Étudier le sol que l'on foule, les événements qui s'y sont déroulés, les mœurs et les coutumes des habitants qui y ont vécu, en un mot, faire de l'histoire locale, a toujours été, pour une population, d'un intérêt puissant et fécond en utiles leçons.

Les sentiments patriotiques et religieux y trouvent un aliment agréable et salutaire ; il y a de telles affinités entre le foyer et l'autel ! Comment lire, sans en être ému, les pages révélant l'énergie, le dévouement, l'abnégation des ancêtres dans la pratique des vertus civiques ? Commene admirer, sans être tenté de l'acquérir, leur sentiment religieux dans lequel ils puisaient le secret d'être à la hauteur de toutes les tâches ?

1

Nous ne désespérons pas de faire connaître un jour quelques phases de la vie civile de notre cité : pour des raisons particulières, nous commencerons par le côté religieux. Du reste, comme nous le verrons bientôt, il est impossible de raconter les origines de La Ferté sans parler préalablement d'une EGLISE.

Il y eut successivement, à La Ferté, les quatre églises de Saint-Martin, de Saint-Etienne, de Saint-Nicolas et de Saint-Denis : on y vit aussi les chapelles de Saint-Léger, patron des ouvriers meuliers, de Saint-Jean-l'Evangéliste (1), de Saint-Martin qui remplaça la première Église du même nom sous la dénomination de Prieuré, sans compter celle de la Maladrerie sous le titre de Saint-Guinefort et celle de l'Hôtel-Dieu, sous le titre de Saint-Léonard.

Le château de Lagny et celui de La Barre eurent aussi leur chapelle (2).

Il y avait enfin un ermitage à Fontaine-Cerise où, le 30 avril, on se rendait en procession (3).

De tous ces sanctuaires publics, il ne reste plus, aujourd'hui, que l'église Saint-Denis sous le vocable de SAINT-ETIENNE-SAINT-DENIS. Nous en dirons plus loin les raisons.

Pour suivre l'ordre d'ancienneté, nous devons parler tout d'abord de Saint-Martin.

(1) Duplessis II, p. 40.

(2) Dans l'une et l'autre, furent célébrées solennellement des cérémonies religieuses. — En 1657, le sieur Antoine FERRAND, écuyer, seigneur de G..., capitaine d'une compagnie de gens de pied au régiment de La Meilleray, a été marié en la chapelle du château de La Barre, avec dispense de M. le Grand Vicaire de Meaux. (Registres paroissiaux à la Mairie.) — En 1825 (16 juin), une autre cérémonie religieuse s'accomplissait dans la chapelle du château de Lagny. C'était le supplément des cérémonies du baptême par Mgr DE COSNAC, évêque de Meaux, à Françoise-Cécile Donatille-Louise-Mélanie-Adéodat de Lagny. (Registres paroissiaux.)

(3) Journal de l'abbé DUCHESNE.

CHAPITRE PREMIER

⋙ ✳ ⋘

ÉGLISE SAINT-MARTIN

A 400 mètres du Morin et au nord de cette rivière, La Ferté possède un hameau du nom de Saint-Martin.

Nous ne l'apprendrons à personne ici, c'est le point de La Ferté le plus anciennement habité ; là, se trouve le berceau de notre ville.

Les fouilles qui y ont été pratiquées à différentes époques nous en fournissent les preuves les plus solides.

En 1864, à 600 mètres de Saint-Martin, près du moulin de Condetz, MM. Gatellier découvrirent, en élargissant le lit du Morin, divers objets qui décèlent certainement l'existence en cet endroit, d'une habitation lacustre.

Les travaux mirent au jour plusieurs pièces de bois verticales, bases de ces primitives habitations fixées au milieu des marécages en vue d'une défense plus facile. On trouva également en cet endroit une corne d'auroch, trois fragments de bois de cerf qui avaient dû servir comme instruments de défense, une arme en bronze ou en fer ayant la forme d'un glaive (1).

---

(1) On peut voir ces objets au Musée d'archéologie de Meaux, à qui MM. Gatellier se sont fait un plaisir de les offrir.

On n'en peut douter, des hommes, aux temps primitifs, ont cherché asile dans l'angle marécageux formé par le Petit-Morin et la Marne.

D'autre part, au champ du glacis du moulin de Comporté, il existe des substructions gallo-romaines, ainsi qu'il fut facile de le constater, lorsqu'en 1856, on établit la route départementale n° 4.

Les terrassements exécutés à cette époque, et d'autres plus récents, ont permis d'établir qu'il y avait eu en cet endroit une *station romaine* dont l'étendue pouvait être, sans exagération, portée à 12 ou 15 ares.

Une circonstance fortuite fournit l'occasion en 1870 de fixer approximativement la date très ancienne de l'établissement de cette station.

M. Pommier, de Saint-Martin, voulant se procurer du sable, creusa une tranchée dans son jardin. A 1m20 de profondeur, son outil brisa un vase qui contenait une terre noirâtre, restes d'une incinération funéraire.

Si des fouilles étaient exécutées en cet endroit, on y découvrirait les preuves de l'existence d'un cimetière gallo-romain.

Déjà en 1820, en creusant la cave de la maison Pommier, à quinze mètres de l'endroit ci-dessus indiqué, on avait rencontré plusieurs cercueils en plâtre, renfermant chacun un squelette près duquel était une arme en fer ayant la forme d'une épée. En 1848, les terrassements entrepris pour rectifier le chemin vicinal de Saint-Martin mirent à découvert huit cercueils, tous pourvus de leur couvercle, et d'une conservation parfaite.

On y trouva également des armes en fer et divers autres objets du même métal.

En 1873, devant la maison Pommier et l'ancienne chapelle de Saint-Martin, on découvrit douze autres cercueils en plâtre ; puis vers le nord, des sépultures simples d'adultes et d'enfants, le tout orienté est-ouest.

A plusieurs reprises les habitants de Saint-Martin, en plantant des arbres dans le terrain situé au nord et à l'ouest de l'ancienne chapelle, ont rencontré des squelettes isolés : enfin au commencement du siècle on avait retiré du sol un cercueil en pierre. A ces témoignages ajoutons en un autre très récent. Au mois d'août 1895, pour l'établissement des eaux à Saint-Martin, on fit une tranchée dans la route qui va à Mourette, un peu plus haut que la maison Pommier. Les ouvriers coupèrent plusieurs sépultures. Il est bien à regretter que personne n'ait été averti pour relever les indications que ces tombeaux eussent pu révéler.

Les savants archéologues qui ont plus spécialement étudié ces matières voient dans toutes ces particularités de construction de cercueils, de vases, d'armes, sabres ou épées, boucles et plaques de ceinturon, les indices de sépultures très anciennes.

M. l'abbé Cochet, si compétent en ces questions, donne la formule suivante : lorsque les cercueils en plâtre renferment des armes, épées, sabres, fers de lances, haches, des agrafes, boucles et plaques de ceinturon, des vases à encens, il faut les considérer comme appartenant à l'*époque franque* qui va du v° au ix° siècle.

Si le cimetière qui renferme de telles tombes, présente en même temps des vestiges évidents de sépultures païennes, par incinération ou par inhumation, ce cimetière doit prendre la dénomination de *gallo-franc*. Or comme on a découvert à Saint-Martin deux *ollæ* funéraires gallo-romaines, il faut en conclure que le cimetière Saint-Martin avait servi à des funérailles, antérieurement à l'époque franque.

Nous pouvons dire avec non moins d'assurance qu'il s'y fit des sépultures chrétiennes, puisqu'on y a trouvé des tombeaux absolument semblables à ceux de Jouarre qui appartiennent certainement à l'époque chrétienne.

Il serait peut-être difficile de préciser l'époque à laquelle furent faites les premières inhumations chrétiennes dans le cimetière de Saint-Martin. Quoi qu'il en soit de la question de l'Evangélisation des Gaules au i°r ou au iii° siècle de l'ère chrétienne, il est avéré que le paganisme garda longtemps des partisans dans les populations de nos campagnes. Plusieurs même donnent comme raison déterminante, sinon principale, de l'établissement des monastères de Jouarre, Reuil, Rebais par les fils de Saint-Authaire d'Ussy, la lutte contre les restes du paganisme.

C'est donc vers l'an 640 que le christianisme fit chez nous la conquête définitive des populations rurales. Pendant que le monastère de Jouarre se bâtissait sur la colline, celui de Reuil prenait dans son ressort la partie du *Saltus Joranus*, située au nord du Morin, comprenant les groupes de Mourette et de Condetz, avec les territoires environnants.

Pour évangéliser plus facilement les habitants de cette

contrée, les Moines de Reuil s'empressèrent de construire une église où les habitants des bords du Morin venaient recevoir la parole de Dieu et les Sacrements. En un mot on *établit une paroisse*.

Il est vraisemblable, que selon l'usage assez constant à cette époque, l'église fut construite en bois et que pour ménager la transition du culte ancien au culte nouveau, on la bâtit sur l'emplacement primitivement consacré aux faux dieux du paganisme. Et, comme nous avons constaté la présence d'*ollæ* funéraires près de l'ancienne chapelle de Saint-Martin, nous sommes autorisés à conclure, que l'Eglise érigée par les Moines de Reuil, occupait l'emplacement où plus tard fut élevé l'édifice en pierres qui jusqu'à nos jours porta le nom de *Chapelle de Saint-Martin* ou Prieuré. Personne ne sera étonné que le thaumaturge des Gaules ait été pris pour patron de ce sanctuaire.

A cette époque, sa mémoire était en grande vénération. Les faits merveilleux opérés par ce saint évêque étaient très populaires, et dans la circonstance présente, où il s'agissait de convertir des païens, n'y avait-il pas des raisons particulières pour l'invoquer spécialement, lui qui avait tant fait pour détruire l'idolâtrie dans les campagnes.

L'état de choses décrit précédemment dura près de trois siècles, jusqu'au jour où l'un des seigneurs francs, nommé Ausculphus, chargé de garder les cours d'eaux et la voie Romaine qui traversait la Marne à Fay-le-Bac pour passer par Mourette et Saint-Martin, établit une forteresse (*Firmitas*) dans une île de la Marne. La Ferté-sous-Jouarre venait de naître.

En même temps était construite l'*église de Condetz* dont nous allons parler, tandis que les dépendances de la forteresse étaient dotées de l'*église Saint-Nicolas*, qui devint la chapelle du château.

C'est donc l'histoire de ces deux églises que nous allons maintenant étudier.

Toutefois avant de quitter Saint-Martin-des-Champs, disons que, après avoir perdu le titre de paroisse, Saint-Martin devint un simple prieuré. Les moines de Reuil continuèrent d'y exercer leur juridiction ainsi que sur Saint-Etienne, qui remplaça Saint-Martin comme paroisse.

Nous aurons bientôt l'occasion de montrer avec quel soin jaloux les moines de Reuil défendirent et gardèrent leurs prérogatives.

A la place du premier édifice en bois probablement en ruines. on construisit un petit édifice en pierres auquel fut conservé l'ancien vocable de Saint-Martin, avec le titre de *chapelle* ou de *prieuré*.

Dans une charte de 1160, l'évêque de Meaux, Rainaldus, énumère les titres de propriété du monastère de Reuil. Il cite entre autres la *Chapelle de Saint-Martin*, dans la paroisse Saint-Étienne de Condetz *(Capellam sancti Martini in eadem parochia.)* C'était un petit édifice rectangulaire, mesurant 11 mètres sur 9, possédant pour toute ornementation extérieure un bas-relief placé au-dessus de la porte d'entrée, et représentant saint Martin à cheval, découpant une partie de son manteau. Les fenêtres représentaient l'arc roman.

Le prieuré conserva sa destination jusqu'en 1789. Le prieur de Reuil jouissait du droit de nommer le chapelain ou vicaire. Après avoir servi de grange, il fut transformé en habitation particulière. Le prêtre attaché à cette chapelle occupait un logement appelé le vicariat, dont quelques pans de muraille subsistent encore, pour attester à la fois l'emplacement et l'ancienneté de sa construction ; il desservit aussi jusqu'au jour où elle fut réunie à l'Hôtel-Dieu, la chapelle de la Maladrerie (Saint-Guinefort), plus connue sous le nom de Maison Saint-Ladre-du-Pont de Condetz, située à 200 mètres de là, sur la voie romaine.

La chapelle, le vicariat et l'enclos qui les renfermait, constituaient un ensemble appelé jusqu'en 1789 le prieuré de Saint-Martin (1).

_____

(1) Nous sommes heureux de signaler que, grâce à la générosité des propriétaires actuels de l'ancien Prieuré, nous sommes entrés en possession d'une statue de la Sainte Vierge, affreusement mutilée. — Quand elle aura été restaurée, elle pourra, à double titre, devenir un ornement pour notre Eglise.

CHAPITRE DEUXIÈME

LES

Églises de Sᵗ-Étienne de Condé

ET

de Saint-Nicolas

Les chefs militaires qui se succédèrent dans le poste stratégique de Saint-Martin, rendu si important par les deux cours d'eau qui s'y rencontrent, ne tardèrent pas à utiliser les îlots formés par la Marne, à quelques centaines de mètres, en remontant le cours de la rivière. Ils s'y fortifièrent peu à peu. Il est vraisemblable que les incursions des Normands les forcèrent de s'y établir solidement.

Ce fut le signal d'un déplacement de population, lequel, à son tour, nécessita l'érection d'une nouvelle église.

Est-ce au IX° ou X° siècle ? Nous n'avons pas de date certaine.

Ainsi que nous l'avons dit, c'est aux moines de Reuil, qu'incombait, depuis leur fondation, le soin de pourvoir aux intérêts religieux de cette population. Ils ne reculèrent pas devant les frais d'une nouvelle construction, dès lors qu'elle devait répondre aux besoins religieux des habitants.

Ne faut-il pas que la maison de la prière, le lieu de réunion des chrétiens soit en rapport avec l'importance de la population ?

Nous connaissons l'emplacement exact de cette Eglise.

Elle était à cinq ou six cents mètres de la chapelle Saint-Martin, au bord de la Marne, sur l'emplacement occupé aujourd'hui par les chantiers de M. Lallier, le jardin et la maison du docteur Horcholle, et le jardin de M. Rochon.

Qu'on n'aille pas supposer toutefois, une église aux vastes dimensions. La Ferté n'avait pas encore pris de grands développements ; l'église et le cimetière adjacent n'occupaient pas plus de 1.200 mètres carrés (1).

En changeant d'emplacement l'église paroissiale changea aussi de titre.

Les peuples chrétiens, à cette époque, manifestaient une grande dévotion envers saint Etienne. Aussi, dans de nombreuses localités, substituait-on le Premier Martyr, comme Patron de l'église, aux titulaires depuis longtemps choisis et honorés.

Rien donc de surprenant que le nouveau sanctuaire ait été décoré du titre de Saint-Etienne.

Notre Eglise Cathédrale n'agissait-elle pas de même et environ à la même époque (2) ?

La nouvelle église fut donc bénite ou consacrée sous le vocable de Saint-Etienne. Dans le langage courant on l'appela Saint-Etienne de Condetz (3).

Nous n'avons malheureusement sur cette nouvelle paroisse, que les renseignements fournis par certaines disputes des chanoines de la paroisse Saint-Nicolas, qui voulaient empiéter sur la paroisse Saint-Etienne au détriment des Religieux de Reuil, à qui revenait la collation du titre paroissial.

Ici, pour être compris, il nous faut parler de l'église Saint-Nicolas.

---

(1) Ces dimensions nous sont fournies par l'acte de vente de l'emplacement de l'église et du cimetière (1793) considérés comme *biens nationaux*.

(2) Il ne faudrait pas voir dans ce fait la cessation de la confiance des Chrétiens en la protection d'un saint. C'est, au contraire, comme un acte d'obéissance à Dieu qui glorifie, en un temps donné, un saint d'une plus éclatante manière, en vue de desseins de miséricorde qui nous échappent.

(3) Une charte de 1156 parle de la paroisse de Condeu, *parrochia de Condeu*. Une autre charte de 1158 écrit : *Pont de Condeel* en même temps qu'elle dit : *L'Eglise de Condé, Ecclesiam de Conde*. La charte de 1160, dont nous avons fait mention plus haut, dit : *Ecclesiam S. Stephani de Condeiaco*. — Dupl. ii, p. 45 et 47.

Saint-Nicolas

Au moment où Ausculphe bâtissait sa forteresse, il y assurait le service religieux par l'érection d'une église sous le vocable de Saint-Nicolas.

Lui et ses successeurs y attachèrent des revenus pour plusieurs chapelains qui prirent, dans la suite, la qualité de *Chanoines*. Il est probable que, au commencement du XII° siècle, il y eut entre ces prétendus Chanoines et l'Evêque de Meaux, des difficultés que le vicomte de La Ferté voulut faire cesser. Car en 1146, le vicomte Geoffroy remit leur église entre les mains de Manassès II, Evêque de Meaux.

« Celui-ci, de son côté, désirant, comme il l'écrit à Guy « de Saint-Jean-des-Vignes, augmenter la piété de sa « Congrégation pour l'aide à donner à l'Eglise de Meaux et « l'obéissance qui lui est due », remit cette Eglise entre les mains de cette Congrégation célèbre.

« Nous vous avons donné, leur écrivit-il, à Vous et à « Votre Monastère pour que, à perpétuité, vous la possé- « diez, l'église Saint-Nicolas de La Ferté-Ausculphe qui, « jusqu'à ce jour, a été possédée par des Chanoines sécu- « liers ; nous y avons ajouté la Chapelle Saint-Jean l'Evan- « géliste, que les Chanoines séculiers desservirent pendant « quelque temps par eux-mêmes ou pour eux-mêmes. Notre « Volonté étant que, dans ces deux sanctuaires, par des ré- « guliers de Votre Congrégation, vous vous appliquiez au « ministère des choses Saintes. »

Et l'Evêque ajoutait : « Geoffroy vicomte a remis ces « Eglises entre nos mains avec l'approbation de la vicomtesse « Constance, son épouse (1). »

---

(1) Duplessis, t. ii, p. 40. *Manasses Dei gratia Meldensis Ecclesiæ humilis minister...*

Ea propter, Guido, Frater in Christo Carissime, Ecclesiæ tuæ religio-nem, ad subsidium et obedientiam Meldensis Ecclesiæ, ampliare cupientess Ecclesiam B. Nicholai de Firmitate Ausculfi, quæ usque modo a sæcularibu,

Ceci se passait en 1146.

Dix ans plus tard, en l'an 1156, s'appuyant peut être sur leur qualité de Chapelains des Seigneurs de La Ferté, ces nouveaux Chanoines cherchèrent à se créer des droits sur la paroisse Saint-Etienne de Condetz, desservie comme nous l'avons dit par les Moines de Reuil.

L'affaire fut portée au tribunal du Pape Adrien IV. Les Evêques d'Auxerre et de Senlis, chargés d'examiner le différend se rendirent à Rebais, où, après avoir entendu les témoins, ils donnèrent gain de cause aux Moines de Reuil.

Voici leur jugement : « Au nom du Père et du Fils et du « Saint-Esprit. Moi Alain, Evêque d'Autun, et moi Amaury, « très humble Ministre de l'Eglise de Senlis. A tous pré- « sents et à venir, voulons faire savoir que le Seigneur Pape « Adrien nous a confié le soin de terminer le différend exis- « tant entre les Moines de l'Eglise de Reuil et les Chanoines « de Saint-Jean-des-Vignes de Soissons, au sujet de la « paroisse de Condé, que les Moines disaient leur appar- « tenir, affirmant que les Chanoines s'y étaient établis in- « justement ; les Chanoines leur opposaient un démenti.

« Sur cette affaire, en notre présence à Rebais, les « Moines produisirent des témoins, lesquels, après examen « fait par Nous, la main sur les choses saintes, prouvèrent « que la paroisse relevait des Moines.

« Nous, donc, ayant reçu leur serment, avons adjugé « la dite paroisse aux Moines, et attaché notre sceau à la « présente Charte (1). »

Canonicis possessa est, cum Capella sancti Johannis Evangelistæ, quam per ipsos ant pro ipsis aliquando habuerunt sæcularis canonici, perpetuo haben- dam tibi et cænobio tuo contradidimus, ut in ipsis per regulares Ecclesiæ tuæ deservias et divina ministres. Prænominatas autem Ecclesias Gofridus Viceco- mes in manus nostras reddidit, laudante uxore sua Constantia Vicecomitissa.

(1) DUPLESSIS, t. II, p. 45. *In nomine Patris et Filii et Spiritus sancti*
Ego Alanus Autisiodorensis Episcopus et ego Amalricus Silvanectensis, Ec- clesiæ qualiscumque minister, notum fieri volumus præsentibus et futuris, quod Dominus Papa Adrianus controversiam illam, quæ inter Monachos Rodo- liensis Ecclesiæ et canonicos S. Johannis de Vineis Suessionensis pro parochia de Condeu, quam monachi suam esse dicebant, et intra quam canonicos injuste habitare asserebant ; canonici vero denegabant, versabatur, nobis commisit terminandam.
Super qua re Monachi in presentia nostra apud Resbacum testes produxe- runt. Qui post examinationem a nobis factam, tactis sacris, Parrochiam illam Monachorum esse probaverunt. Nos igitur suscepto ab eisdem testibus juramento prædictam Parrochiam Monachis adjudicavimus et præsentem Cartam sigillis nostris munivimus.

Deux ans plus tard, les Moines de Reuil, à leur tour, élevèrent des prétentions sur l'Eglise Saint-Nicolas.

Grâce à l'intervention des Archidiacres de Meaux, Thibault et Rodolphe, les Chanoines réguliers de Saint-Jean-des-Vignes, demeurèrent en possession de leur église, mais à la condition de céder au Monastère de Reuil, neuf arpents de pré, situés entre le pont de Condetz et l'Eglise de Condetz pour être possédés à perpétuité, libres de toute redevance.

Ceux-ci, réservant le droit de la paroisse de Condé, les dîmes et leurs revenus, abandonnèrent aux Chanoines réguliers la dite Eglise de Saint-Nicolas avec tout ce qu'avaient les Chanoines séculiers, quand les Réguliers furent établis à leur place (1).

Cette décision fut confirmée la même année par Simon, vicomte de Meaux, en ces termes :

« A nos très chers Frères et amis Robert, Prieur de
« Reuil, et ses religieux, Symon, vicomte, et Ada, son
« épouse, salut et paix perpétuelle. Nous avons pour
« agréable la transaction, qui est intervenue entre vous et
« la congrégation de Saint-Jean des Vignes de Soissons
« et les Moines de la dite Congrégation, qui demeurent
« à La Ferté-Ausculfe.

« Pour maintenir la paix entre vous, et pour que
« les Chanoines restent dans notre Château, l'Abbé de
« Saint-Jean, avec l'assentiment de son Chapitre, vous
« a donné ses prés, qui sont entre l'Eglise de Condé et le
« pont de Condé, sur la Marne et le Morin. Nous approu-
« vons et concédons nous et nos enfants, etc. » (2).

(1) *Notum sit omnibus tam præsentibus quam futuris, quod contentio quæ inter Ecclesiam S. Johannis Suessionensis de Vineis et Ecclesiam de Rodolio, diu exagitata fuerat, et gravibus expensis et laboribus eos vexaverat, tandem propitiante Deo, mediantibus Theobaudo et Radulfo Meldensibus archiaconis... apud Moysiacum quamdam domum militum Templi hoc modo terminata fuit atque pacificata... Ad hoc enim ut Canonici Regulares S. Johannis apud Firmitatem Ausculphi in Ecclesia B. Nicholai in perpetuum remaneant et remota omni calumpnia in pace ibidem Deo deserviant, Monachis de Rodolio, novem arpenta pratorum quæ sunt inter pontem de Condeel et Ecclesiam de Conde libera ab omni debito in perpetuum possidenda dederunt... Monachi vero salvo jure Parrochiæ de Conde et salvis decimis et redditibus suis, Canonicis regularibus præfatam Ecclesiam Beati Nicholai cum omnibus quæ seculares Canonici, quando regulare ibidem positi sunt, habebant, in perpetuum possidendam concesserunt, etc.* DUPLESSIS, P. justif. LXXXIII.

(2) *Karissimis Fratribus et amicis nostris Roberto Priori, et Conventui de Rodolio, Symon Vice Comes, Ada uxor ejus salutem et perpetuam pacem. Compositionem quæ facta est inter vos et Ecclesiam S. Johannis de Vineis*

L'année suivante, 1159, l'Evêque de Meaux, après avoir étudié la question, rendait son arrêt en ces termes :

« Au nom de la Sainte Trinité. Nous avons été placé
« sur le Siège éminent de l'Eglise de Meaux,... C'est pour-
« quoi Nous, Renaud, par la patience de Dieu, Evêque de
« Meaux, nous confirmons, louons et munissons de notre
« sceau, la transaction intervenue dans l'affaire longtemps
« agitée entre la Congrégation de Saint-Jean des Vignes et
« le Monastère de Reuil, telle qu'elle a été passée avec soin,
« à Moysiacum, par l'intervention de nos Archidiacres de
« Meaux, Thibault et Rodolphe.

« Pour empêcher, ce qu'à Dieu ne plaise, que la
« transaction ne soit à l'avenir rétractée ou modifiée par
« un acte de malice, nous en consacrons, en peu de
« mots, le souvenir pour la postérité : les Chanoines
« réguliers de Saint-Jean des Vignes, par concession et sous
« le sceau du Monastère de Reuil, posséderont à tout
« jamais l'Eglise de Saint-Nicolas qui est à La Ferté-
« Ausculphe, avec tout ce que possédaient les Chanoines
« séculiers. Saufs toutefois les droits de la Paroisse de
« Condé, saufs aussi les dîmes et les revenus des Moines.
« Et pour le bien de la paix, en signe d'amitié et de con-
« corde, ils ont abandonné aux Moines de Reuil qui les
« posséderont sans conteste, les neuf arpents de pré qu'ils
« tenaient entre l'Eglise et le pont de Condé.

« Comme témoins et pour affirmer notre approbation,
« ont été présents : Lambert, abbé de Saint-Faron,
« Symon, abbé de Chaâge, Thibault et Rodolphe, archi-
« diacres, Hugo, doyen, Etienne, chantre, Symon, trésorier.

« Etaient aussi présents et prêts à l'affirmer, les témoins
« de la susdite transaction : Guy, abbé de Saint-Jean,
« Robert de Belisma, prieur de Reuil.

« Et pour que dans l'avenir, il ne revienne rien de cette
« affaire, nous avons pensé y attacher le sceau de Saint-
« Etienne pour témoigner et fortifier l'acte de confirmation
« que nous en avons fait » (1).

Suessionensis, canonicosque ejusdem Ecclesiæ apud Firmitatem Ausculfi manentes,... gratam habemus.
Quod vero pro pace inter vos confirmanda et ut in prædicto Castro nostro. canonici remaneant, dedit vobis Abbas S. Johannis assensu sui capituli prata sua quæ sunt inter Ecclesiam de Condiaco et pontem de Condiel super Mader- nam et super Moreien... laudamus et concedimus nos et filii nostri, etc.. DUPLESSIS, P. just. LVVVIV.

(1) In nomine Sanctæ Trinitatis. In eminenti Meldensis Ecclesiæ specula constituti... Quapropter ego Reinaudus Dei patientia Meldensis Episcopus,

Pour affirmer davantage, s'il était possible, les droits des Moines de Reuil, l'année suivante, en 1160, Renaud, Evêque de Meaux, dans l'énumération qu'il fait à ses diocésains tant ecclésiastiques que laïques, des biens et des titres des Moines de Reuil, cite « l'Eglise de Saint-Etienne de Condé » — les Moines ayant le droit de présentation du Curé — avec toutes les dîmes appartenant à cette église, la *Chapelle de Saint-Martin* sur la même paroisse, et neuf arpents de pré situés entre l'Eglise et le pont de Condé (1).

On pouvait espérer qu'il ne surgirait plus de difficultés entre les deux communautés

Cependant en 1250, la lutte recommença entre le Prieur et les Moines de Reuil d'une part, au sujet de leur domicile, *ex occasione domus suæ*, et le prieur de Saint-Nicolas d'autre part, pour le même sujet en ce qui les concerne, *ex occasione ejusdem domus suæ*.

Le Prieur et les Moines de Reuil prétendaient que conformément aux Chartes et privilèges de l'Ordre de Cluny, et l'usage observé jusqu'à présent, les Chanoines de Saint-Nicolas ne pourraient avoir ni cimetière ni baptistère dans leur église, y recevoir qui que ce soit pour la sépulture ou le baptême ou autres sacrements, sur tout s'il était paroissien, ou même simplement habitant de la paroisse de Condé.

compositionem diu exagitatæ quæstionis inter Ecclesiam S. Johannis de Vineis, et Monasterium Rodoliense, sicut mediantibus Meldensibus archidiaconis nostris Teobaudo et Rodulfo... apud Moisiacum fideliter celebrata est, confirmamus et laudamus, nostri etiam sigilli caractere communimus.

Ne vero, quod absit, molimine pravitatis in posterum retractetur, vel immutetur ; eam tem compositionem posterum memoriæ breviter intimamus ; Regulares Canonici S. Johannis de Vineis Ecclesiam B. Nicholai quæ est apud Firmitatem Ausculfi, cum omnibus quæ canonici sæculares habebant quando ibidem regulares positi sunt, salvo tamen jure Parrochiæ de Conde, salvis etiam decimis et redditibus Monachorum, ex concessione, et sigillo Monasterii Rodoliensis in perpetuum possidebunt.

Et pro bono pacis in fædus et concordiam, novem arpenta pratorum quæ inter Ecclesiam et pontem de Conde tenebant, Monachis Rodoliensibus deinceps libere possidenda concesserunt, etc...

Huic nostræ confirmationi testes affuerunt et assertores, Lambertus, abbas S. Faronis ; Simon, Abbas Cagiensis ; Teobodus et Radulfus, archidiaconi ; Hugo, Decanus ; Stephanus, Cantor ; Symon, Thesorarius, etc... præsentibus etiam et assertoribus præfatæ compositionis Guidone, Abbate S. Johannis, et Roberto de Belisma Priore Rodoliensi. Ut vero nihil questionis reservetur in posterum, subterpendere censuimus sigillum S. Stephani ad robur et testimonium nostræ confirmationis. Anno Incarnati Verbi MCLIX.

(1) DUPLESSIS, t. II, p. 47. *Rainaldus Dei gratiá Meldensis Ecclesiæ humilis Minister, universis Dyocesanis suis tam clericis quam laycis salutem, etc.*
Inde est quod dilecti filii ac fratris nostri Roberti Prioris de Radolio, fra-

Le Prieur de Saint-Nicolas refusa de se soumettre à ces prétentions.

L'affaire fut portée devant des arbitres : Etienne de Sainte-Marie de Montmirail, et Frère Nicolas, Prieur de Saint-Etienne de Montmirail.

Leur sentence est remarquable en ce qu'ils déclarent *curé*, le Prieur de Saint-Nicolas. Non seulement ils lui assignent un territoire, mais encore, ils soumettent à sa juridiction quelques personnes hors de ce territoire.

« Nous sommes d'accord en ces points, disent les
« arbitres : Les Chanoines de Saint-Nicolas peuvent et doi-
« vent administrer tous et chacun des sacrements. ou les
« sacramentaux, aux personnes ci-dessous nommées et non
« à d'autres, savoir : le vicomte et sa famille, les personnes
« nobles tant hommes que femmes habitant dans la paroisse
« du château du vicomte, les serviteurs des Chanoines qui
« demeurent avec eux et *les clercs non mariés* (1).

« Ces personnes. quel que soit le temps qu'elles
« demeurent dans la paroisse de Condé ne doivent point
« recevoir, ailleurs qu'à Saint-Nicolas, les Sacrements ou
« les Sacramentaux, excepté la sépulture, au sujet de
« laquelle nous disposons : qu'il soit permis aux Chanoines
« de recevoir dans l'Eglise de Saint-Nicolas pour y être
« inhumés et non ailleurs, eux, leurs Confrères, les Convers
« et les Converses et ceux qui se seraient engagés dans
« leur Ordre par un vœu solennel émis au Chapitre de
« Saint-Jean des Vignes.

« De même, il leur sera permis de recevoir dans leur
« église, pour les inhumer, s'ils l'ont choisie pour le lieu de

---

trumque prædicti loci precibus astricti, eorum possessiones quas ex concessione
prædecessorum nostrorum Meldensium Pontificum et largitione fidelium in
Episcopatu nostro possident, sub protectione B. Stephani Prothomartyris et
nostra accepimus, et propter importunitates sæcularium, qui solent eleemosinas
prædecessorum suorum inquietare, auctoritate sigilli nostri munivimus,
præsenti quoque scripto ipsarum possessionum nomina annotavimus . . . . . .
Ecclesiam S. Stephani de Condeiaco cum præsentatione Presbyteri, omnibus
que decimis eidem Ecclesiæ pertinentibus... Capellam S. Martini in eadem
Parochia, et novem arpenta pratorum quæ sunt inter Ecclesiam de Condeiaco
et pontem de Condeel...

P. justif. LXXXVIII.

(1) Quels sont ces clercs non mariés ? Sans aucun doute des jeunes gens qui se préparaient, au Prieuré, à la Vie religieuse. Cette distinction de clercs mariés et non mariés nous fait voir que déjà au XIII° siècle plusieurs fonctions, réservées tout d'abord à ceux qui étaient du for de l'Eglise, étaient remplies par des personnes hors de la cléricature.

« leur sépulture, tout noble de la famille seigneuriale,
« mourant dans le Château de La Ferté, ou tout autre noble
« qui viendrait à y mourir pendant un siège.

« Mais ils ne devront recevoir personne autre pour
« n'importe quelle sépulture, ni le Seigneur de La Ferté, ni
« sa femme ni leurs enfants.

« Exception est faite pour le cas suivant : ils peuvent
« recevoir, et doivent conduire à leur sépulture au cimetière
« de Condé, ceux à qui, de leur vivant, ils auraient
« administré les Sacrements ou les Sacramentaux (mais
« toujours en exceptant le Seigneur, sa femme et leurs
« enfants) » (1).

Il n'entre pas dans notre plan de nous arrêter à tous les
détails de la vie des Paroisses de La Ferté.

N'a pas d'histoire qui veut : c'est la loi pour les agglo-
mérations aussi bien que pour les individus.

Il n'y a guère que les paroisses privilégiées de faveurs
spéciales, d'un miracle par exemple, pour avoir une histoire
au jour le jour, toujours nouvelle.

Baptiser, préparer les enfants à la réception des Sacrements, instruire le peuple par la prédication de la parole de
Dieu, consoler les malades et préparer les mourants au
terrible passage de l'Eternité, voilà la vie pastorale partout
et en tous temps semblable, avec ses mêmes obligations
sans cesse renaissantes.

Nous n'en pouvons douter, c'est dans ces conditions
ordinaires que s'accomplit la Vie paroissiale à La Ferté
jusqu'à la fin du XIVᵉ siècle où nous amène notre récit.

Les pouvoirs de chaque Curé étant bien déterminés, il
n'y eut plus de ces contestations pénibles comme celles dont
nous venons de parler.

Hélas ! il faut que l'humain se mêle à tout !

En ces temps-là, la foi chrétienne solidement établie

---

(1) *In nomine Patris, et Filii, et Spiritus Sancti. Amen.*
*Universis præsentes litteras inspecturis Frater Stephanus beatæ Mariæ de
Monte Helix, et Frater Nicholaus beati Stephani de Montemirabili priores,
salutem in Domino. Noverint universi, quod cum discordia verteretur inter
viros Religiosos Priorem et Conventum de Rodolio, occasione domus suæ, ex
una parte; et Priorem Nicholai de Firmitate Augulfi, S. Joannis Suessionensis,
domus suæ, ex altera; super eo quod dicti Prior et conventus dicebant quod
secundum cartas et privilegia Cluniacensis Ordinis, et usum hactenus obser-
vatum, Canonici B. Nicholai habere non poterant cimiterium neque baptiste-
rium, neque aliquem recipere ad sepulturam vel baptismum, vel ad alia aliqua
sacramenta Ecclesiastica in Ecclesia sua... et præcipue aliquem Parochianum*

dans les âmes, dominait les faits particuliers, les petites querelles qui s'agitaient autour de quelques clochers.

Les peuples n'y attachaient point une grande importance : les dispositions d'esprit n'étaient pas les mêmes qu'aujourd'hui, où le moindre événement devient pour beaucoup une occasion de se scandaliser.

Tout le monde sera-t-il de notre avis ? Nous condamnons l'esprit de discorde, mais ces discussions n'ont-elles pas servi à préciser une multitude de points de droit administratif dans l'Eglise ? Et ces agitations passées n'ont-elles pas préparé la tranquillité intérieure dont nous jouissons. C'est peut être à elles que nous devons de n'avoir à combattre aujourd'hui, que les ennemis de la Foi, ce qui est bien assez, sans que nous soyons réduits à lutter encore contre des frères.

Cependant, tout en faisant ces concessions, nous ne saurions admettre la trop leste façon dont un historien local prétend résumer la Vie religieuse du Moyen Age. « Il est « vraisemblable que cet espace de temps (du XIIIᵉ au « XVIᵉ siècle) a été rempli par des contestations d'église à « église, de couvent à couvent, comme celles dont nous

de Condato vel aliquem in ipsa Parochia commorantem, etc... Priore B. Nicolai contradicente et afferente, etc... Tandem de bonorum virorum consilio et pro bonopacis... compromiserunt in nos beatæ Mariæ de Monte Helix et S. Stephani de Montemirabili Priores, etc... Nos vero... dicimus, statuimus et arbitrasentientes et concordantes quod canonicis Nicholai possunt et debent ministrare personnis inferius annotatis et nullis aliis ; videlicet vicecomiti et ejus familiæ, omnibus nobilibus, tam hominibus, quam mulieribus in ejusdem castri Parochia manensibus et servantibus ipsorum canonicorum, qui cum eis morantur et clericis non uxoratis, universa et singula sacramenta sive sacramentalia. Nec alibi, quamdiu morantur in Parrochia de Condeto personæ nominatæ debent hujus modi sacramenta sive sacramentalia recipere, excepta sepultura, de qua sic ordinamus... ut liceat dictis canonicis recipere ad sepulturam infra Ecclesiam S. Nicholai, et non alibi tantum modo seipsos ; et concanonicos suos, et conversos, et conversas, et qui se Religioni devoverint eorumdem per votum sollemne in Capitulo S. Johannis factum. Item si aliquis nobilis de familia nobili moriens in castro de Firmitate in ultima voluntate, vel aliquis nobilis, castro obsesso elegerint sepulturam, liceat dictis canonicis ipsos recipere infra dictam Ecclesiam, neminem autem alium, nec Dominum de Firmitate, nec uxorem, nec liberos eorumdem poterunt recipere ad aliquam sepulturam : Hoc excepto quod personas quibus... ministraverunt ecclesiastica sacramenta sive sacramentalia dum viverent (exceptis Domino, uxore, et liberis eorumdem) possunt recipere et debent ad sepulturam in cimiterio de Condé tumulandas... Hanc autem ordinationem prædictæ partes approbaverunt et ratam et gratam habuerunt... actum anno Domini MCCL Sabatto post decollationem S. Johannis Baptistæ. Absolvimus Priorem et conventum de Rodolio in articulis in quibus superius absolvuntur et etiam condampnamus. Eodem modo absolvimus et condampnamus Priorem de Firmitate Augulfi et canonicos suos. DUP. II p. 153.

« venons de parler, et qui forment une partie de l'histoire
« du Moyen Age » (1).

On ne pouvait parler plus légèrement d'une des plus
florissantes époques de notre histoire.

N'est-ce pas en ce temps-là que saint Louis, le Roi très
chrétien, donnait aux métiers les admirables règlements
qui apportèrent tant de bien-être à la classe ouvrière.

Est-ce que le Clergé ne s'occupait pas, seul, de la
question sociale ? Il la résolvait d'une manière assez
heureuse pour faire envie aux gouvernements de nos jours.
C'était aussi l'époque où l'on bâtissait nos belles Cathé-
drales, et où saint Thomas d'Aquin écrivait des livres que
nos modernes ne feront point oublier.

Non ! la Vie de l'Eglise ne fut pas concentrée dans
d'obscures querelles de Monastères et de Paroisses, et on
pourrait souhaiter à ceux qui oublient et dédaignent l'action
bienfaisante de l'Eglise à cette époque, de pouvoir nous
donner un peu du calme et de l'énergie dont firent preuve
nos ancêtres dans des circonstances parfois bien malheu-
reuses.

(1) THIERCELIN (Voir *Almanach de Seine-et-Marne 1863* p. III).

A Le château.
B Eglise Saint-Denis.
C Bras de la Marne , remplacé
   aujourd'hui par le boule-
   vard Turenne.

D Reuil.
E Eglise Saint-Etienne.
I Faubourg de Reuil.
K Les Bondons.

CHAPITRE TROISIÈME

⤜→ ※ ←⤛

ÉGLISE

Sᵗ-ÉTIENNE-Sᵗ-DENIS

Venons maintenant à la quatrième église de La Ferté, celle qui est aujourd'hui la paroisse, la seule qui subsiste sous le vocable de *Saint-Etienne-Saint-Denis*.

Ce que nous allons raconter va donner l'explication de ce double patronat.

Au commencement du xvᵉ siècle il se produisit à La Ferté un fait à peu près semblable à celui que nous avons déjà constaté au ixᵉ : le gros de la population se déplaça pour venir chercher aide et protection autour de la Forteresse ; on abandonna Condetz pour se mettre à l'abri des fortifications (1).

On acceptera facilement cette explication quand on se rappellera les ravages exercés dans nos pays pendant la guerre de Cent ans (1337-1453).

Les guerres, aujourd'hui, ne sont rien, comme durée en comparaison de ce qu'elles étaient autrefois, où les moindres hameaux ne manquaient jamais d'être visités par un parti, quand ce n'était point par les deux adversaires. De nos jours la guerre est une trombe de fer qui passe ; au Moyen Age, c'était la tempête pendant des années entières.

---

(1) La vue de La Ferté au xvɪᵉ siècle par Chatillon nous montre l'Eglise Saint-Etienne complètement isolée... Les habitants se sont retirés dans l'enceinte fortifiée.

Voici ce que Duplessis écrit de cette époque, 1424 :

« Le Diocèse de Meaux fut en partie le théâtre de ces
« troubles funestes : et à peine y resta-t-il une seule église
« où l'ennemi n'eut point touché, parmi un grand nombre
« d'autres qu'il fit abattre et démolir ou auxquelles il fit
« mettre le feu » (1).

Notre contrée fut la plus malheureuse.

« L'Abbaye de Jouarre éprouva jusqu'à trois ou quatre
« fois consécutives la fureur du parti qui semblait avoir juré
« sa ruine. A peine y resta-t-il pierre sur pierre » (2).

On comprend ce que La Ferté dut avoir à souffrir
de la part « du soldat effréné qui ne respectait ni les lieux
« saints, ni les personnes consacrées à Dieu » (3).

Dans ces conditions, il nous semble impossible que les
choses se soient passées autrement que nous allons dire.

Jusqu'à la fin du xive siècle, il n'y a que deux églises
paroissiales à La Ferté : *celle de Condé* et *celle de Saint-
Nicolas*. La preuve en est dans le synode de Meaux tenu
en 1363.

Les actes de ce synode énumèrent *tous* les curés du
Doyenné de La Ferté. Or pour la ville, *les seuls* curés de
La Ferté-Ausculphe (Saint-Nicolas) et de Condetz (Saint-
Etienne), sont désignés (4).

Evidemment, s'il n'est pas question de Saint-Denis c'est
que cette église n'existe pas ! Si elle avait existé depuis le
xie siècle, comme certains veulent le dire, est-il vraisemblable qu'elle n'eût point été érigée en paroisse ?

Comment aurait-on eu une église à l'emplacement actuel
alors que la population était à Condé ?

Comment au milieu des discussions passionnées dont
nous avons parlé, aurait-elle passé inaperçue ?

Dira-t-on que Saint-Denis était tout d'abord une petite
Chapelle successivement agrandie ?

(1) DUPLESSIS, t. I, p. 291.

(2) Nous, Henriette de Mello, par la grâce de Dieu humble Abbesse de l'Eglise
N. D. de Juërre, confessons avoir eu et reçu des Habitants de la Ville et Paroisse de
Juërre... la somme de treize marcs et une once d'argent en vaisselle d'argent... sur la
somme de dix-huit marcs et une once d'argent que nous leur avons baillée *pour la
prinse (prise) de la tour dudit lieu qui fut prinse par les Englois*. De laquelle
somme de treize marcs et une once d'argent dessus dite, nous quittons les Habitants
d'icelle Ville et Paroisse, etc..., témoin notre seing manuel cy-mis. le vingt-troisième
jour de Mars MCCCCXXIV.

(3) DUPLESSIS, t. I, p. 292.

(4) DUPLESSIS, t. II, p. 501.

Nous consentirions à l'admettre, si La Ferté avait possédé un couvent en dehors des Chanoines de Saint-Nicolas. Il n'y en eut jamais.

Il est impossible d'ailleurs, d'admettre qu'une église ait été bâtie pour ne point servir.

Non ! Saint - Denis n'existe que postérieurement à l'an 1363.

A cette date, les Anglais n'avaient point encore exercé leurs ravages, l'église Saint-Étienne de Condé suffisait à la population.

Mais quand vinrent les heures de tristesse, quand la guerre se fut déchaînée sur la région et que Condetz ne compta plus que quelques rares habitants (s'il en restait encore !) alors on pensa à bâtir pour le service religieux, l'édifice actuel qui porte dans sa construction la preuve de la misère des temps dans lesquels il fut établi.

Oh ! ce n'est pas un de ces sanctuaires où se reflètent les croyances des peuples,... un poème en pierres .. ! on sent qu'avant tout, on a voulu un *lieu de réunions*.

Qui sait ? on n'avait peut-être pas tout à fait abandonné le projet de revenir à Saint-Etienne ? Les habitants de La Ferté ne gardèrent-ils pas à leur vieille église, une affection qui dura 300 ans encore ?

Mais on s'habitua à voir l'église Saint-Denis, à la fréquenter, et celle du IXº siècle qui était éloignée, sur l'autre rive de la Marne, difficilement abordable à certaines époques, fut délaissée, et la population se réunit pour l'accomplissement de ses devoirs religieux, à la chapelle de secours qui est devenue de nos jours l'église paroissiale. Sur la foi de ces données fournies par l'histoire et le raisonnement, notre église actuelle, ne portant pas de date, par son genre architectural, nous n'hésitons pas à conclure que sa construction remonte à la première partie du XVº siècle. Par conséquent, nous repoussons les assertions de MM. Réthoré et Thiercelin, très versés, pourtant, en ces questions, concernant l'histoire de notre pays.

Ils nous paraissent s'être complètement trompés.

Le premier dit, que pour répondre aux exigences du culte public, on avait construit de bonne heure une chapelle Saint-Jean, dont on fit une paroisse annexe (1).

(1) Réthoré. Notice sur des vestiges antiques découverts à Saint-Martin.

Il y eut bien, en effet, à La Ferté, une chapelle Saint-Jean-l'Evangéliste, mais elle ne servit point de paroisse.

De bonne heure, elle fut donnée à l'Hôpital (1).

D'ailleurs on ne voit pas pourquoi on aurait changé son nom de *chapelle Saint-Jean* en celui de *Saint-Denis*.

M. Réthoré a donc été induit en erreur par le nom de Saint-Jean : trouvant dans notre église une chapelle de ce nom, il a confondu Saint-Jean-l'Evangéliste avec Saint-Jean-Baptiste.

M. Thiercelin se trompe à son tour, quand (2) ; « dans « la bâtisse assez pauvre qui sert d'église, il croit recon-« naître à sa forme quadrilatérale (3), et au demi cercle « coupé qui la termine, le plan d'une église du xiᵉ siècle ».

L'Église du xiᵉ siècle, dont M. Thiercelin a eu l'esprit occupé, n'était autre que Saint-Etienne, située de l'autre côté de la rivière.

« D'autre part, continue le même auteur, on voit encore, « au bas de la tour, au-dessus de la porte d'entrée donnant « sur la rue des Pêcheurs ou des Bas-Fossés, des pierres « dont la disposition forme le dessein d'une ogive ».

Et il conclut à la reconstruction au moyen-âge d'une seconde église édifiée sur l'emplacement de la première.

Et cette seconde église aurait fait place à l'église actuelle « à laquelle son caractère effacé ne permet guère de donner « un âge ».

Tout cela ne nous parait que confusion et pure imagination. Toutefois nous ne pouvons affirmer que le xvᵉ siècle ne nous ait donné l'église Saint-Denis, telle que nous la voyons aujourd'hui.

Que faut-il penser de la tour ? D'abord nous croyons qu'elle n'a pas primitivement fait partie de l'église. Si l'on admet qu'elle est du xiiiᵉ ou du xivᵉ siècle, on pourra dire qu'elle faisait partie du système de défense de La Ferté. Sa position sur le bord des anciens fossés de la ville pourrait bien indiquer qu'il y avait là une porte et que la tour était chargée d'en défendre l'entrée.

Point n'est besoin, croyons nous, d'y chercher la consécration des droits populaires par l'affranchissement des communes. L'existence d'une tour dans une localité est souvent un signe de domination féodale.

(1) Duplessis, t. ii, p. 40.

(2) Thiercelin. Notice historique sur La Ferté.

(3) M. Thiercelin parlait de la construction ancienne qui a été modifiée par la reconstruction de l'abside en 18...

On pourrait dire encore que c'était le *beffroi* ou bien la *tour du Guet*. En effet, en 1750, les moines de Reuil *patrons* de l'église de La Ferté, consentent bien aux réparations de la tour, mais refusent d'assumer la responsabilité *des dépenses nécessaires au beffroi ;* ceci, font-ils remarquer, incombe aux habitants de La Ferté.

De son côté, l'abbé Duchesne, au XVII° siècle, nous parle *du veilleur* qui fait le guet dans la tour.

Quoi qu'il en soit, la tour, à l'origine ne faisait point partie de l'édifice.

La vue de La Ferté par Châtillon (XVI° siècle), nous montre ces deux monuments absolument séparés l'un de l'autre.

Ensuite nous trouvons, dans une longue discussion tenue à l'Hôtel-de-Ville, en 1750, pour savoir si on rasera Saint-Etienne de Condé, que l'église construite par les habitants au milieu de la ville à leurs dépens *a été agrandie peu à peu*. A plusieurs indices on reconnaît que c'est par le bas de l'église que les augmentations ont eu lieu.

Pour s'en convaincre, qu'on regarde, du côté de l'Evangile cette arcade à moitié achevée qui butte sur la tour, et l'obstruction de l'ogive orientale par le plancher et la couverture de la nef du Nord, on y trouve la preuve indubitable d'une construction relativement moderne qui est venue s'appuyer sur une ancienne.

Le mur de fond de la chapelle Saint-Jean nous paraît indiquer la hauteur approximative où s'arrêtait l'église, et ce serait plus tard seulement, qu'on aurait construit les trois dernières travées du bas de l'église, en englobant la tour.

A l'aide de quelques documents puisés aux archives de la Ville et dans le *Journal* de M. Duchesne ne pourrions-nous pas essayer de préciser l'époque de ces travaux.

Dans l'acte de 1750, il est dit : « Que les habitants ont « construit une église à leurs dépens au milieu de la ville, « il y a plus de 120 ans » (1).

Cette date nous fait remonter aux années 1620 à 1625.

Or, à cette époque, M. Duchesne signale de grands travaux exécutés à l'église, tant en maçonnerie qu'en ornementation. Ces travaux durèrent plusieurs années.

Il ne précise pas, il est vrai, le genre de travail, mais n'est-ce pas lui qu'ont en vue les notables du pays, qui dis-

---

(1) Arch. municipales, D. 4. Nous donnons plus loin en entier cette délibération.

cutent à l'Hôtel de ville en 1750, en faisant remonter à 1620 ou 1625 la *construction de l'Eglise* ? De plus, par les registres paroissiaux,(1) nous savons que M. Jean-Baptiste Brotin, curé de La Ferté, de 1637 à 1662, a été inhumé dans l'église; « *dans la chapelle qu'il avait fait construire* » Est-ce que cette construction ne serait pas venue compléter ce qui avait été commencé quelques années plus tôt. Le curé s'appelait Jean-Baptiste. En l'honneur de son saint Patron il a voulu mettre les fonts baptismaux dans sa chapelle, laquelle en 1736, par l'état déplorable du plafond, des lambris, de la toiture, apportait aux magistrats de La Ferté, les mêmes soucis qu'elle cause aujourd'hui au conseil municipal (2).

Par conséquent la date de 1774 qui est gravée dans cette chapelle n'indique pas la date de construction, mais une simple restauration.

Quel était l'intérieur ? Nous verrons plus tard que M. Duchesne fit disparaître la chapelle de Saint-Léger et celle de Notre-Dame. Cela ne prouve-t-il pas que l'église n'était pas une simple nef, comme semblerait l'indiquer la gravure de Châtillon?

Une image peut bien représenter aussi facilement trois nefs qu'une seule : nous croyons que c'est le cas, ici.

Qu'il y ait eu plus tard, ainsi que nous le disions tout à l'heure, des modifications importantes, des adjonctions, nous l'admettons. Mais nous croyons que toute la partie supérieure de l'église remonte au principe de la construction de l'église, au XVe siècle. Pressés par la nécessité, nos devanciers se placèrent où ils purent ; c'est ce qui explique l'existence d'une cave sous une partie de la chapelle de la Sainte-Vierge (3).

Quant à la légère différence de largeur de deux entrecolonnements, faut-il y voir un caprice spécial d'architecture dans un monument qui en compte tant d'autres, ou bien l'ébauche d'un transept? Nous ne voulons hasarder aucun avis; mais, nous éprouvons, il faut l'avouer, une répugnance invincible à admettre que l'église Saint-Denis fut primitivement une nef, et que, à une époque que l'on n'indique pas, les baies furent élargies pour établir des arcades « en arcs

(1) Reg. paroiss. à la mairie.

(2) Arch. municip., D. 3, f. 30.

(3) Impossible de s'arrêter un instant à l'idée d'une crypte : c'est une cave, on y voit encore l'escalier venant de la rue des Etuves.

brisés en tiers-point », comme on les voit maintenant. Quel travail en sous-œuvre ! Ç'eut été plus long et plus coûteux que de faire du neuf !

Mais alors, il y eut donc deux Eglises pour une seule paroisse ?

Oui, répondrons-nous. Il n'y a là rien qui répugne ; ce cas est fréquent, nous le trouvons à Meaux, par exemple, où de nos jours on a construit une chapelle de secours dans un quartier éloigné de la Cathédrale.

Ainsi en fut-il à La Ferté. Saint-Etienne continua d'être la paroisse et Saint-Denis en fut comme la succursale.

Et cet état de choses dura au moins pendant deux siècles. Dans un acte (1) en date de 1558, il est question de l'église de Condé en termes qui nous la montrent existant encore.

Mais bientôt, probablement quand on abandonna l'idée de réparer les ruines de l'Eglise paroissiale, on désigna la paroisse par les noms des patrons des deux sanctuaires Saint-Etienne-Saint-Denis ; les registres paroissiaux de 1580, les plus anciens que nous possédions encore, donnent déjà cette double dénomination (2). Le curé de Saint-Etienne conservait le titre de curé de La Ferté.

Les habitants de La Ferté avaient tant d'attachement pour leur église paroissiale, que même lorsqu'elle ne fut plus guère qu'un amas de ruines, ou tout au moins impropre au service divin, on tint, longtemps encore, à y faire les installations des nouveaux curés de La Ferté. Quand l'acte de prise de possession était accompli, on s'en venait achever la cérémonie à l'église Saint-Denis.

Délaissée, l'église Saint-Etienne de Condé ne tarda pas à porter péniblement le poids du temps.

Peu à peu elle subit des dégradations qui devinrent irréparables, il fallut définitivement l'abandonner.

A quelle époque ? Tout d'abord nous avions pensé que le culte public avait dû y cesser vers la fin du xvi° siècle.

Encore une fois, alors, La Ferté traversa des jours malheureux. Elle eut à supporter plusieurs sièges, de la part des protestants comme du côté des armées catholiques.

Pendant ces jours néfastes, la population se serait-elle risquée en dehors des fortifications, quand on sait la rigueur

(1) Possédé par M. Rossignol, ancien notaire.

(2) Quelquefois, c'est la paroisse de Condé-La-Ferté, ou bien encore, Paroisse Saint-Etienne et Saint-Denis de Condé-La Ferté-Aucoulph.

dont usaient les prétendus Réformés, contre tout ce qui était Religion catholique?

Nous nous trompions. L'heureuse trouvaille que nous avons faite aux archives de la Ville, du *journal* de l'abbé Duchesne, curé de La Ferté, nous permet d'affirmer que les exercices du culte se faisaient encore à Saint-Etienne en 1637, année où s'arrête le journal en question.

C'était à Saint-Etienne, notamment, qu'on devait faire la Communion pascale. Elle demeurait l'église principale quoique d'un usage moins fréquent.

Mais il est temps d'arriver à ce *journal* que nous avons signalé déjà, à plusieurs reprises.

Après en avoir tiré ce que nous avons jugé être le plus intéressant pour l'histoire religieuse de La Ferté, nous continuerons nos recherches sur les faits qui se sont succédés jusqu'à nous.

DEUXIÈME PARTIE

LA

PAROISSE DE LA FERTÉ

Au XVI° & XVII° Siècles

CHAPITRE PREMIER

M. DUCHESNE

Avant de poursuivre l'histoire de nos églises, nous allons nous arrêter un instant pour essayer à l'aide du journal de l'abbé Duchesne, de saisir quelques traits de la vie religieuse de La Ferté au XVI° et XVII° siècles.

Signalons tout d'abord l'auteur du journal.

M. l'abbé Duchesne, vicaire de la Ferté dès 1609, fut en 1616 chargé de l'administration de la cure de Beautheil. Deux ans plus tard, il revenait comme curé dans cette paroisse de La Ferté à laquelle il avait consacré les premiers élans de son zèle sacerdotal.

Vicaire ! Il l'est dans la force du terme, car le titulaire de la cure de La Ferté paraît être souvent absent.

De temps à autre, à la veille d'une grande fête ou pour une circonstance solennelle, on le voit arriver. Hors de là, c'est M. Duchesne qui *fait les fonctions*. Aussi ne nous étonnons pas que le Curé ait si peu d'influence.

Qu'on en juge par le trait suivant.

C'était en 1615. Le curé qui s'appelait Garnot était revenu à la Ferté le jeudi ou le vendredi saint.

Le matin du samedi saint, il avait officié « *en ville* », c'est-à-dire dans notre église actuelle.

« Le soir, à la fin de complies, le maître d'école Fabre
« pensa chanter *Stabat*. Monsieur le curé l'empêcha, mais
« il en eut du ressentiment, car le lundi, se présentant pour
« chanter *Regina Cœli*, il le fit taire et fit grand vacarme,

3

« de façon qu'il y eut grande émotion. Le capitaine Gaultier,
« qui semble être un oracle, prit la parole, fut secondé par
« Carton qui usa d'un mot envers les ecclésiastiques, plus
« propre aux bateleurs qu'à autre personne, et Fabre se
« voyant secondé par les susdits et autres, se montra fort
« insolent, présomptueux et peu révérend.

« Ce jour M. le curé s'en alla à Meaux fort triste et
« m'écrit tout aussitôt. Le souper chez monsieur Le Cler ne
« se passa sans remuer ce qui s'était passé » (1).

C'était grand dommage.

Les Pâques s'étaient faites dans les meilleures conditions.
Écoutez cette note : « Le jour de Pâques se passa heureuse-
« ment et eûmes achevé de bonne heure parce qu'il y avait
« des ouvriers *selon l'ouvrage.* »

Le curé de Sameron fut chargé, à la requête du promoteur, d'informer contre le maître d'école pour l'irrévérence
qu'il avait commise le lundi de Pâques.

Il y eut réconciliation quelque temps après.

Mais on jouait de malheur cette année dans le clergé
paroissial. L'émotion causée par la rebellion du maître
d'école était à peine calmée, que le vicaire avait une affaire
désagréable avec le marguillier. Il en parle en termes plus
que vifs.

« Le vendredi 1er mai se passa quelque petit différend
« entre le vicaire et marglier auparavant la messe, à la
« messe, à l'issue des vêpres, en procession, parce qu'il se
« persuade comme marglier, première personne de l'église
« et n'est digne d'être la dernière pour son incivilité, indé-
« votion, présomption, caution d'une ignorance qui n'en-
« dure personne : mais succomber par rayson à la rayson,
« Dieu lui en fasse la grâce. Je crains que cela ne se fasse,
« s'il se laisse conduire par ses appétits animaux et par
« aultres semblables, philosophiquement escrit comme pensé
« ainsi » (2).

Ces dispositions allaient s'envenimer et provoquer quinze
jours après des scènes d'une violence inouïe.

« Ce jour, mourut une fille de 5 à 6 ans, à la veuve de
« défunt Claude Barbdoyer, et au retour il y eut grande
« émeute, suscitée par La Grange, à cause d'une étole qu'il
« m'avait baillée pour servir à l'administration des Saints-

(1) F. 9.
(2) F. 10.

« Sacrements, qu'il retira sous prétexte de conserver les
« ornements de l'église.

« Mais Monsieur le Curé me la bailla et pendant
« qu'étions allés au convoi précédent, il émut les habitants,
« à parler au dit sieur Curé, et là vomirent toute l'apos-
« thume qu'ils avaient sur leurs cœurs, se plaignant parti-
« culièrement de ce que je demandais exhorbitamment pour
« les droits des funérailles, services et confrairies, plus, que
« je gourmandais un marglier.

« Tout ce que j'ai fait payer a été selon ma conscience et
« crois qu'elle est plus blessée d'avoir moins demandé pour
« la conservation des droits curiaux, que davantage, car je
« ne demande pas la moitié de la taxe de l'officialité.

« J'ai toujours honoré les honnêtes hommes, et raison-
« nables hommes margliers, mais je confesse que je me suis
« roydi contre un bouffon et passionné qui ne peut parler
« à un honnête homme raisonnablement, qu'il ne se mette
« au champ.

« Il est tout contraire à Saint-Michel qui terrassa le
« diable et lui marcha sur le ventre, mais lui, il semble vou-
« loir faire le contraire et terrasser et tenir le pied sur la
« gorge aux hommes d'église, et croit que sous le prétexte
« de sa dignité, il faira grand sacrifice à Dieu de l'abandon
« contre eux, disant tantôt qu'il les faut tous chasser, qu'ils
« sont trop gros, trop riches, et mille autres impositions.

« C'est un homme sans honneur, sans dévotion,
« piété, etc. »

On voit que les esprits étaient montés !

Monsieur Duchesne, en février 1616, prit possession de
la cure de Beautheil, dont il ne resta titulaire que jusqu'en
1618. Il passa une partie de ce laps de temps à La Ferté.

Etrange situation que celle-là ! Le curé de La Ferté n'est
jamais là, et le vicaire devenu curé de Beautheil demeure
plutôt à La Ferté qu'en sa nouvelle paroisse. Est-ce parce
que le Curé, à qui il écrit « pour faire habiter au vicariat un
« jeune homme » (c'est-à-dire un autre vicaire), ne répond
pas ?

Quoi qu'il en soit, M. Duchesne a changé sa situation de
vicaire en celle de curé. Tant mieux pour lui. Il en paraît si
satisfait !

En 1618, il quitte la cure de Beautheil pour l'échanger

(1) F. 11.

contre celle de La Ferté. M. Garnot le remplaça à Beautheil (1).

L'abbé Duchesne qui nous met au courant des agissements de plusieurs confrères qui veulent changer de paroisse, ne nous dit pas les évènements qui amenèrent sa nomination au poste de La Ferté. « Le mardi 25 septembre, j'allai à « La Ferté et le mercredi 26 je pris possession de la cure de la « dite Ferté où j'eus bonne compagnie. Le jour Saint-Martin, « je commençai à *faire résidence actuelle* en La Ferté » (2).

Devenu curé, l'abbé Duchesne est un modèle de résidence. Il ne fait que de très courtes absences. Une fois cependant, nous le voyons se rendre à Melun. Aussi pour un si *long voyage* il fait son testament. Il revint sain et sauf.

Il est sobre de détails sur son administration curiale. Nous voyons qu'il faisait souvent prêcher des religieux Minimes, Cordeliers, Capucins, Jésuites ou Prêtres de l'Oratoire.

Il s'occupe beaucoup de la consolidation et de l'embellissement de l'Eglise.

Il écrit fidèlement avec qui ou chez qui il va dîner ou souper, ce qui l'amène à nous rapporter son habitude touchante et qui parait être assez générale à cette époque, de réunir, le Jeudi Saint, plusieurs prêtres pour *faire la cène* ensemble, en souvenir de l'Institution de la sainte Eucharistie et du Sacrement de l'Ordre, ce jour-là.

Il lui arriva dans son ministère quelques bonnes fortunes qui durent lui être fort agréables.

Il avait été présenté à la Reine Mère, à Montceau, en août 1623.

Quelques mois après « le lundi, deuxième jour d'octobre, « je fus appelé et emporté à Mouroux par un carrosse de la « Reine Mère, par le moyen de M. d'Espinasse, pour baptiser « une de ses filles dont la Reine Mère était marraine et le « cardinal de Richelieu, parrain » (3).

M. Duchesne nous donne dans sa personne, une idée exacte des dispositions respectueuses, qui étaient dans le cœur de tous, à l'égard des grands dignitaires de ce monde.

Lorsqu'il n'était encore que vicaire, au passage de la Duchesse de Longueville (1616), il nous dit naïvement : « *Je chantai messe pour elle* » (4).

(1) F. 40.
(2) F. 41.
(3) F. 69.
(4) F. 25.

En 1624, le Maréchal de La Force, prince protestant, venait prendre possession de la Seigneurie de La Ferté-sous-Jouarre. M. Duchesne crut qu'il était de son devoir de le recevoir avec toute la solennité possible.

Bien que sa harangue ne soit pas un modèle de genre, nous ne résistons pas au plaisir de la donner. Elle reflète bien l'époque (1).

« Monseigneur, la robbe que je porte et l'ordre que je
« tiens de l'Eglise de Dieu ne m'ont empêché de venir
« trouver Votre Grandeur, non plus qu'anciennement le
« grand-prêtre Jaddus revêtu de ses habits pontificaux, et
« accompagné de son clergé comme je suis du mien, alla
« trouver le Grand Alexandre.

« Mais, monsieur, c'est pour vous faire la révérence et
« soumissions de très humbles sujets, et vous témoigner la
« grande joie que j'ai particulièrement de votre arrivée en
« notre ville, tant pour l'affection singulière que je vous
« porte que pour le bien commun de vos pauvres sujets
« qui parcydevant étaient comme une masse et matière
« indigeste et sans forme, un corps sans tête et comme un
« pauvre paralytique gisant en la piscine de Siloë qui se
« plaignait de n'avoir point d'homme.

« Pourtant, Monseigneur, comme les anciens Pères,
« Patriarches et Prophètes avec des paroles ferventes et
« désirs incroyables attendaient la venue du Messie en ce
« monde (comme maintenant nous nous en réjouissons
« avec eux et nous célébrons les fêtes solennellement) et
« le tout parce qu'ils espéraient : *orietur in diebus suis*
« *justitia et abundantia pacis!* de même tous vos bons
« sujets désiraient ardemment votre venue afin que vous
« fussiez cet homme et Seigneur qui y fit renaître la justice
« qui est fille du ciel et envers Dieu et envers les hommes.

« Envers Dieu ; pour lui faire rendre l'obéissance,
« l'honneur et le service en temps et lieu et la reconnais-
« sance qui lui sont dus ; faire administrer la justice
« équitablement sans acception de personnes, à tous vos
« sujets.

« Davantage votre venue apportera la paix et sera
« comme un soleil qui dissipera tous les nuages des factions
« et dissensions passées. C'est de quoi je vous supplie de
« tout mon cœur, avec une amnistie et abolition de toutes
« les fautes et contentions passées, avec assurance invio-

(1) F. 72.

« lable que nous serons, et moi particulièrement. Monsei-
« gneur, vos très affectueux serviteurs et sujets. »

M. Duchesne est certainement fier de son discours, il
est non moins heureux d'apprendre d'une personne de
l'entourage du Maréchal, que « Monsieur avait de la bonne
« volonté en son endroit » (1).

Plusieurs fois M. Duchesne eut occasion de voir le Roi
à La Ferté.

En 1632, « le dimanche 15 février, le Roi dîna à l'*Epée*
« *Royale*, je lui allai faire la révérence et me reçut hono-
« rablement (2). »

Au mois de juillet de la même année Louis XIII repassait
par La Ferté (3).

« Le jeudi 15 juillet, arriva le roi à la Ferté et logea chez
« Jean Regnault (4). Je pensai le saluer le même jour, l'on
« m'empêcha de le faire.

« Mais, le lendemain, je l'attendis à la porte de l'église
« venant entendre la messe où, après lui avoir présenté l'eau
« bénite, je lui donnai le bonjour de la part de Dieu, et que
« dans le jour d'hier je m'étais présenté pour lui faire la
« révérence et offrir comme son humble sujet, tout ce qui
« dépendait de moi mais que l'entrée m'avait été déniée,
« et qu'à présent je me réjouissais tout à fait de sa bonne
« santé et de son retour. »

Il eut encore l'occasion de voir le monarque à l'église de
la Ferté : « Le samedi 20 octobre, le roi arriva à la Ferté,
« logea et coucha à l'hôtellerie du Dauphin et le dimanche,
« *après avoir entendu la messe*, s'en alla à... »

La Ferté vit aussi à plusieurs reprises le grand ministre
de Louis XIII, le cardinal de Richelieu.

M. Duchesne n'était pas un étranger pour lui depuis le
baptême dont nous avons parlé plus haut et où Richelieu
avait été parrain.

Il le vit en 1632. « Le mercredi 18, monsieur le cardinal
« arriva à La Ferté, coucha à l'Epée Royale, allasmes le saluer » (5).

(1) F. 72.

(2) F. 109.

(3) F. 113.

(4) Les Regnault étaient une famille de fonctionnaires de l'Etat (Registres paroissiaux).

(5) F. 109.

Quelques années plus tard en 1635, le maréchal de Châtillon venait de remporter une victoire à Avein (1).

On avait chanté le *Te Deum* le 3 juin. Le 6, le cardinal Richelieu arrivait à la Ferté où il couchait au Dauphin, « Le « lendemain. jour du Saint-Sacrement, chanta la messe à « Saint-Nicolas. Monsieur le comte d'Orval assista à notre » messe paroissiale, accompagna le Saint Sacrement à la « procession, fit tous devoirs de bons chrétiens. »

Puis, c'est le prince de Condé qui vient à la Ferté : « Me « donnai l'honneur de le saluer à l'improviste de l'entrée de « l'église, et le reconduis jusqu'à l'hôtellerie de l'Epée. »

Avec nos idées modernes, nous serions tentés de taxer M. Duchesne d'empressement déplacé à l'égard des grands de ce monde. On n'en était point choqué alors. Le respect pour tout ce qui touchait à la majesté royale, à l'autorité souveraine n'avait point encore disparu. De fait, le curé de la Ferté n'accomplissait que son devoir.

Mais M. Duchesne avait une faiblesse ; il désirait une chanoinerie, et il nous fait candidement connaître les démarches auxquelles il se livre pour obtenir la dignité qu'il convoite. Et c'est surtout par madame l'abbesse de Jouarre qu'il pense y arriver.

A cette fin, de temps à autre, il monte à Jouarre « faire des insinuations, » il cherche en particulier à mettre dans ses intérêts « madame la Grande-Prieure ».

Il les renouvelle en 1619, quand il est devenu curé. « Le « jeudi 27 février, je fus à Jouarre renouveler mes insinua- « tions vers madame, en parlant à Mme de Prouille ».

En 1620 et en 1624, nouvelles démarches, mais... le 12 mars de cette année 1624 « fut inhumée feu madame de « Jouarre où nous fusmes mandés. Il y avait belle compa- « gnie » ; et à ce récit, il ajoute « nihil amplius ». Sa réflexion porte-t-elle sur l'abbesse défunte ou sur l'absence de chanoinerie ? Il fallait recommencer avec la nouvelle abbesse. Il n'y manqua pas.

En 1626, M. Duchesne était nommé *Notaire apostolique*. « J'allay à Meaux pour faire le serment pour l'office de « Nothaire Apostolique dont je suis. »

« Les provisions me coûtèrent 15 livres quatre quart d'escu « au greffier, deux quarts à M. Drouin, au Baillage et Prési- « dial de Meaux 67 solz avec le denier que je paya. J'em-

(1) Q. ANQUETIL, t. VI, p. 198.

« pruntoi pour ce sujet six escus faisant 18 livres, à Bouardier
« outre une autre somme de 13 livres tournois dix solz que je
« lui dois dont il en a cédule. »

Enfin en 1634, le curé obtient ce qu'il a tant désiré.

« Le dimanche 17 septembre, j'allai à Jouarre où Ma-
« dame me promit une chanoinerie ; le lundi me délivra les
« provisions et aussitôt fut mis en possession par le R. P.
« de Vallois, où assistèrent messieurs le prieur de Saint-Ni-
« colas, le curé de Sainte-Aulde, mon vicaire, Langlois cha-
« noine au dit Jouarre, messieurs le bailli et procureur du
« dit Jouarre et autres. Le jeudi 28 septembre, je reçus mes
« provisions et prise de possession des mains de M. de Va-
« lois pour la chanoinerie de Jouarre, gratis » (1).

« Le dimanche, 8 octobre, je commençai à faire ma se-
« maine en qualité de chanoine, allant célébrer tous les jours
« la Sainte-Messe. »

Pourquoi trois ans après M. Duchesne se démit-il de sa
dignité ?

« Le mercredi 2 mai je remis ma prébende ès mains de
« madame de Jouarre pour en pourvoir qui bon lui semble-
« rait. »

Y eut-il quelque difficulté ? on le croirait : « et ce, par
« mon vicaire qui alla trouver la dite dame, et le soir monsieur
« l'avocat Corbillon m'apporte un billet pour signer comme
« je m'en départais entièrement. Ce que je signai librement. »

Pauvre M. Duchesne ! Voilà une nouvelle preuve qu'une
chose ardemment désirée ne tarde pas souvent à nous ap-
paraître dépourvue de charmes. Heureux encore ceux pour
qui elle ne devient pas une source d'amertumes !

M. Duchesne eut la bonne fortune de rencontrer dans
l'un des baillis de La Ferté, M. de Breteuil, un cœur ami.

De son côté, il resta fidèle à cette amitié qui était venue
à lui.

M. de Breteuil paraît s'être fait des ennemis durant son
passage à La Ferté. Cette ville à cette époque était d'un
tempéramment difficile à conduire. L'agitation religieuse
était loin d'y être calmée. « Il y eut quelques difficultés pour
la religion. » A la fin d'une procession, les Huguenots
avaient proféré des blasphèmes et s'étaient moqué des catholiques.

Chez ces derniers, il y avait encore vivaces, certains res-
sentiments contre les protestants dont ils avaient eu beau-

(1) F. 136.

coup à souffrir ; et l'on sait que jusqu'à la prise de La Rochelle la France fut sous le coup d'une grande inquiétude à leur sujet.

Des lettres de M. de Breteuil étant tombées entre les mains des « parties adverses » du curé, « furent décachetées. On en fit le lendemain un trophée » (1), et le pauvre curé ajoute mélancoliquement : « continuation de leurs mauvaises volontés ».

Le prêtre se doit « *tout à tous* », et s'il lui est permis d'éprouver une affection spéciale pour les fidèles de la maison de Dieu, comme il doit éviter, toutefois, de froisser les autres par des apparences trop démonstratives, en faveur des premiers !

Il est bien difficile à un prêtre d'échapper à la tribulation, de plaire à tous.

M. Duchesne s'en aperçut un soir. « Le lundi 4 d'octobre « après avoir souppé chez M. Bonnard, fus appelé pour « voir Paul Bouchet, où au sortir fus grandement outragé « d'injures et opprobres par gens qui sentaient plus leur « Paganisme que Christianisme, nomément Jacques Gueu- « vin, Gille Mantel, deux Potins et autres, lesquels dans la « nuit auparavant avaient presque excité un grand tumulte « et sédition. » Et il conclut : « La justice s'en fera devant « Dieu, puisqu'elle manque à faire par les hommes » (2).

Heureusement que la justice de Dieu vient rectifier les injustices des hommes !

M. Duchesne enregistre le départ de M. de Breteuil, de La Ferté : « Le samedi, il dîna chez nous et fit charger ses « meubles dans un bâteau pour partir le lundi au matin et « tout son train. » Et il ajoute cet éloge fort bien tourné : *Virtutem incolumes odimus, sublatam ex oculis quœrimus invidi.*

L'éloignement ne détruisit pas leur amitié, comme le prouve la correspondance suivie qui s'établit entre eux.

En 1635 encore, le fidèle curé inscrit dans son journal cette simple note : « Entrevue avec M. de Breteuil ».

La vie intime du Curé de La Ferté nous fournit quelques précieux renseignements sur le *Recrutement du Clergé*.

M. Duchesne avait chez lui plusieurs pensionnaires : c'étaient des jeunes gens qu'il initiait aux connaissances utiles.

(1) F. 67.
(2) F. 60.

On sait, qu'à cette époque où les séminaires n'étaient point encore fondés, le recrutement du clergé devait reposer sur le dévouement de ceux qui déjà étaient entrés dans la carrière sacerdotale.

M. Duchesne ne manquait point à ce devoir : « Le « vendredi 13 de Mars, j'allay à Meaux pour présenter « Bachelier à l'examen pour le sous-diaconat, et de fait fut « reçu en notre faveur. »

Plus tard, c'est un autre examen auquel se présente le même candidat. « Ce jour j'allai à Meaux pour assister « Bachelier. Je le présentai moi-même à Monsieur de « Meaux et le fis interroger. Il fut admis, mais plus de la « moitié de ceux qui se présentèrent furent renvoyés à « l'étude » (1).

En 1627, c'en est un autre qu'il conduit à Reims « où « étant, obtint lettres de bachelier, examen fait, moyennant « 100 francs que lui coûta pour obtenir ce grade » (2).

Ne faudrait-il pas compter parmi *les fruits de son zèle*, la détermination prise par un enfant de la paroisse en 1635. « Le fils de M. Gueuvin prit l'habit religieux de Saint « Benoît à Rebais, où assistâmes en bonne compagnie (3). »

M. Duchesne n'était point *Doyen*. A cette époque, ce titre n'était pas encore attaché à la cure de La Ferté.

Les doyens, aujourd'hui, n'ont qu'une autorité très limitée. Il n'en était point ainsi, il y a quelques siècles. Le Décannat, alors, conférait à ceux qui étaient revêtus de cette dignité une véritable influence sur les paroisses du Doyenné. Aussi l'évêque se réservait de confier cette autorité à tel prêtre qu'il jugeait le plus capable de remplir cet office. C'est ainsi qu'en 1615, le curé de Chamigny était doyen du canton de La Ferté, et il semble avoir conservé ces fonctions pendant de très longues années. Il les remplissait sans fades complaisances. A plusieurs reprises, M. Duchesne inscrit sur son registre que le Doyen a fait sa visite « sans avis » ou en « son absence » (4).

Quoiqu'il ne fût pas Doyen, M. Duchesne fut plusieurs fois délégué pour mettre des confrères en possession de leurs bénéfices. Un jour il installait le prieur de Saint-Nicolas ; un autre jour, il avait affaire à un plus grand personnage (5).

(1) F. 20.
(2) F. 85.
(3) F. 122.
(4) F. 9.
(5) F. 85.

« Le samedi 23 novembre, je mis en possession,
« M. Devrot, aumônier ordinaire du Roi et nommé à
« l'Evêché d'Orléans, du Prieuré de la Madeleine, par
« procuration de Monsieur Petit et les expéditions mises
« ès mains du laquais de Maistre Pindot pour estre
« insinuées à Meaux et portées au dit sieur Prieur ;
« nonobstant, Monsieur le Prieur de Reuil en avait fait
« prendre possession au nom d'un de ses frères le lundi
« 18 novembre par procuration » (1).

Cette difficulté ne fut pas la seule.

« Le jeudi 5 juillet 1635, je me transportai à Trème, à la
« prière de M. de La Vallée, pour mettre en possession
« M. Loyseau, du Prieuré de Notre-Dame de Vernelles.
« Le fermier refusa la porte de l'église (2). »

Indépendamment des visites décanales faites à l'improviste, M. Duchesne nous en signale encore d'autres qui ne paraissent pas lui être fort agréables. Ce sont les visites annuelles faites par l'Archidiacre ou par tel prêtre qu'il se substituait, comme cela arriva en 1629 ou le curé de Col..... remplaça « par commission, l'archidiacre Bretonneau » (3).

Il indique plusieurs visites, et au nombre des archidiacres qui vinrent les faire, il nomme M. de Belleau, parent de l'Evêque de ce temps, probablement son frère.

Au visiteur était dû un droit, toutes les fois qu'il faisait sa visite. C'était bien conçu. Son déplacement n'était point à sa charge, il n'avait que la peine : c'était excellemment trouvé au point de vue de la discipline.

Nous ne saurions dire si la mauvaise humeur de M. Duchesne vient de l'obligation de payer ce droit, ou bien de ce que plusieurs fois le curé ne s'était pas trouvé chez lui, quand était venu l'archidiacre, le plus ordinairement accompagné du Promoteur.

Mais on dirait que dans ses notes il affecte de faire remarquer son absence ; ou bien qu'il remplissait, ailleurs, une fonction, au moment de la visite.

De son côté, l'Archidiacre ne paraît pas flatté du peu de cas qu'on fait de sa présence, et du peu de soin qu'on apporte à le recevoir (4).

(1) F. 102.
(2) F. 363.
(3) F. 75, 80, 87, 90.
(4) F. 87.

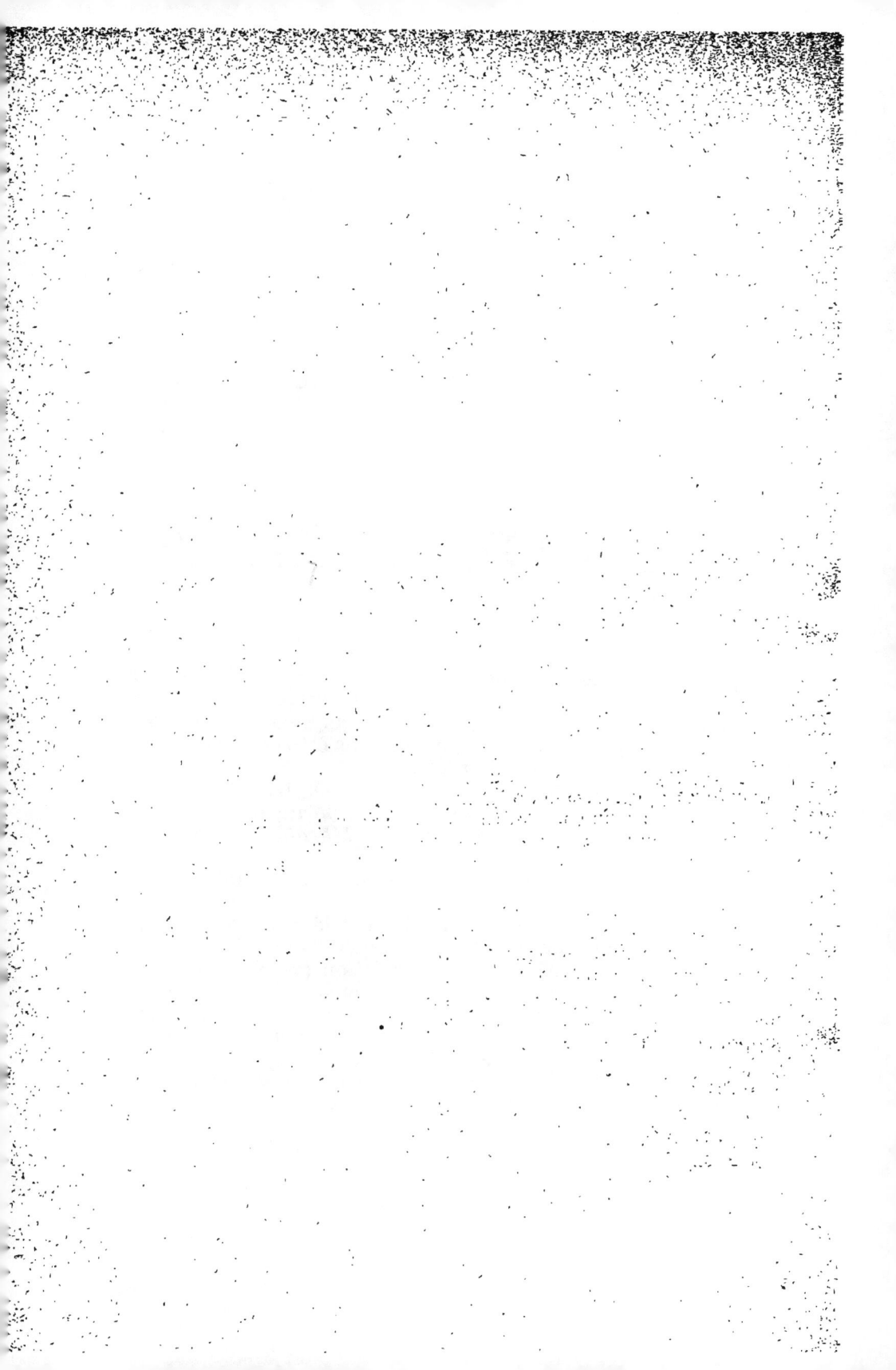

CHAPITRE DEUXIÈME

MARGUILLIERS

Maintenant que nous connaissons le Prêtre, en la personne de qui nous avons pu tracer quelques traits de la physionomie d'un curé de l'époque qui nous occupe, nous allons essayer d'esquisser avec les seuls éléments qu'il nous a fournis, la *Vie d'une Paroisse*.

D'abord, à côté du curé, il y a de très honorables personnages, chargés de veiller sur la partie matérielle du culte : ce sont les Marguilliers ou *Margliers*, comme on écrit en ce temps-là (1).

Les fonctions de marguilliers sont avant tout honorifiques.

C'est en assemblée générale, présidée par le Bailli et convoquée au son de la cloche, qu'ils sont élus, comme aussi, c'est devant toute la population (2) convoquée en l'*auditoire* que, chaque année, ils rendent leurs comptes.

Pendant que l'un des marguilliers rendait les comptes des revenus de l'Eglise en l'auditoire, un autre faisait la même opération au château (3).

On voit que la plus étroite surveillance sur la gestion des biens d'église ne date pas d'aujourd'hui.

(1) F. 52.
(2) F. 83.
(3) F. 29.

4

En ces élections, il y avait parfois des cabales fomentées par des gens désireux de voir la mésintelligence régner entre l'administration temporelle et le curé.

« Le dimanche 27 octobre fut faite assemblée en
« l'*auditoire* de La Ferté, par devant monsieur Le Cler, au
« lieu de monsieur le Bailli, absent, pour faire élection d'un
« marguillier au lieu de Etienne Royer, où étant, messieurs
« les juges, procureur et échevins, avaient comploté
« ensemblement pour ravir au curé le droit de nommer
« le premier à l'élection du dit sieur marguillier futur. Et
« ces susdits messieurs par ignorance, passion ou mépris
« du curé, résolurent même, d'avoir l'honneur, mais témé-
« rairement, malgré le curé, usurpèrent le droit de
« nommer les premiers à la création du futur márglier qui
« fut Pierre Garenflot » (1).

Aussi, à l'élection suivante, le curé ne paraît pas, mécontent de ce que l'on avait fait l'année précédente. « Nous n'y comparûmes pas, ce, pour raisons qu'on
« nous avait dénié en l'année 1630, le droit de nommer
« conformément aux années précédentes, par passions de
« quelques particuliers qui ignoramment voudraient fouler
« aux pieds, etc.

« On l'eût pardonné, puisque tous péchés commis par
« ignorance sont rémissibles, mais non pas ceux de malice
« ou outrecuidance. *Videbitur* (2). »

Les Marguilliers, qui, ainsi que nous l'avons vu plus haut, voulaient parfois en montrer à... leur vicaire, tenaient avec raison, à leurs prérogatives. Ils eurent parfois à les défendre contre les prétentions du pouvoir séculier.

Une année, le Bailli voulut prendre le pas sur eux : « et ce, un jour de Pâques, aux vêpres, allant aux fonts
« baptismaux, où M. le Bailli voulait précéder les Mar-
« gliers, y eût violence de part et d'autre, et cessâmes de
« suivre pour empêcher le murmure populaire » (3).

Marguilliers et Bailli durent se trouver en bien ridicule position, quand ils se virent seuls au milieu de l'église !

Il y avait parfois pour les Marguilliers des circonstances difficiles : témoin le cas de Jean Marin, cité à Meaux pour irrévérences commises par lui et sa femme dans l'église (4).

(1) F. 101.
(2) F. 115.
(3) F. 86.
(4) F. 74.

Il s'agissait d'une place d'église, et Marin et sa femme voulaient celle-ci plutôt que celle-là. Leur conduite scandaleuse amena « Messieurs l'Official, Promoteur Syndic et le « Greffier à faire une descente à La Ferté pour vider ce « différend » (1).

C'est ainsi que les Marguilliers de 1624 faisaient respecter les droits de l'église.

Nos lecteurs se le rappellent : nous avons précédemment expliqué, comment l'église Saint-Denis était venue s'adjoindre comme annexe à l'église Saint-Etienne ; elles ne formaient toutes deux qu'une paroisse.

Le manuscrit de M. Duchesne établit ce fait d'une façon indiscutable.

Ainsi il n'y a plus de presbytère à Condé et l'ancien jardin du curé de Saint-Etienne est loué. Il n'y en a même pas en ville, car l'Assemblée doit voter 30 livres chaque année pour loger le curé et le vicaire, en attendant que l'on ait bâti où que l'on se soit procuré une maison (2).

Mais pour maintenir les droits de l'église Saint-Etienne, autrement dit pour bien montrer qu'elle était toujours paroisse, on devait s'y rendre pour recevoir les sacrements au temps pascal : « Le lundi 28 mars, j'allai à « Meaux... et obtins de M. de Meaux pour M. le Bailli « d'aller recevoir les sacrements à Saint-Etienne, église de « la Ville » (3).

C'est aussi pour cette raison que, lorsque Saint-Etienne fut définitivement hors d'état de servir au culte, quand un nouveau curé prenait possession de la cure de la Ferté, la cérémonie de l'installation se faisait dans les ruines de cette église ; on revenait ensuite continuer l'office à Saint-Denis.

S'il était permis de comparer les petites choses aux grandes, nous dirions que Saint-Etienne, à La Ferté, remplit à cette époque le rôle d'une cathédrale dans un diocèse.

La cathédrale est l'église mère où se déroulent les cérémonies principales du culte, accomplies par l'évêque ; à Saint-Etienne le curé de La Ferté exerce la plénitude de ses droits curiaux.

Quand l'abbé Duchesne nous fait remarquer que l'on

(1) F. 75.
(2) F. 38, 48, 74, 94.
(3) F. 28.

va chanter les Vêpres à Condé processionnellement le
2 août, — 1ʳᵉ Vêpres de Saint-Etienne (1) — ou bien que le
service du jour des Rameaux se fait à Condé contre l'ordinaire, il ne paraît pas douteux que Saint-Etienne, quoique
demeurant l'église titulaire, ne passe plus qu'au second
rang dans les exercices du culte (2).

L'éloignement en est la cause.

Mais les deux églises servaient simultanément, nous en
avons une preuve frappante en 1624, le samedi saint.

« Le vendredi 24, Fiacre Dudart fut noyé, puisant de
« l'eau dans un puits vers les Bondons, et fut inhumé le
« lendemain, aussitôt après la bénédiction *des fonts bap-*
« *tismaux de Condé. Il y eut messe haute.*

« Le même jour de vendredi, mourut Symonne Cyrotte
« et fut inhumée le lendemain après la bénédiction *des fonts*
« *baptismaux de la Ville. Il y eut une messe chantée* » (3).

Nous le verrons plus tard, il se fait des mariages, des
cérémonies funèbres, aussi bien à Condé que à Saint-Denis.

Enfin quand nous parlerons des processions qui se faisaient si nombreuses alors, il sera de la dernière évidence
que les deux édifices servaient au culte, sous la main du
curé de la paroisse Saint-Etienne-Saint-Denys, d'après un
coutumier, que M. Duchesne n'a pas pris le temps de nous
faire connaître : quelques fois la plus grande convenance
des familles qui demandaient un office, déterminait l'emploi
d'une église de préférence à l'autre. Aucun doute ne peut
donc subsister : il y avait deux églises pour une paroisse.
Mais comme M. Duchesne ne nous a laissé aucun détail sur
Saint-Etienne, nous devrons nous contenter des renseignements suivants qui ne se rapportent qu'à Saint-Denis.

L'Eglise Saint-Denis, à cette époque (1618), était complètement dégagée : « Le lundi 28 janvier, je marchandai à
« un jardinier, moyennant cent solz, pour labourer les deux
« allées de delà et deçà le vivier, labourer le jardin, et
« planter poids, et d'arracher les espines et ronsses à l'envi-
« ron de l'Eglise et par même moyen de le labourer. » (4).

On faisait le guet *sur la tour*. Ce qui indiquerait que la

(1) F. 16.
(2) F. 98.
(3) F. 74.
(4) F. 38.

tour est de construction primitive. Se dressait-elle déjà avec sa forme actuelle ? Nous ne le pensons pas. Cette forme lui fut donnée lors de la reconstruction de sa partie supérieure vers 1750.

Nous trouvons dans le manuscrit de M. Duchesne, mention d'un veilleur qui y faisait le guet ; « Le mercredi, « mourut un enfant de 3 à 4 ans à certain homme qui fait le « guet sur la tour » (1).

Cette tour possédait *un carillon*, puisque à plusieurs reprises, il est question du carillonneur : « Ce jour 15 septem- « bre, mourut un enfant à Thierry, *carillonneur* » (2).

En 1622 ; « Le mardi, environ les 7 heures du matin, « mourut la femme de Thierry, *carillonneur*, assez subite- « ment » (3).

Les échevins prétendaient avoir le droit de réglementer la sonnerie, droit que les marguilliers ne voulaient pas leur reconnaitre, vu surtout la raison donnée : « Le jeudi 16 mai, « jour de l'Ascension, tumulte de la part des margliers pour « avoir fait sonner le dernier des vèpres contre l'expresse « prohibition qu'avaient faite les échevins, pour avoir le « temps propre à faire un présent à Monsieur le Mar- « quis » (4).

L'abbé Duchesne nous apprend que les orgues de La Ferté furent achevées et reçues le 29 octobre 1628 : « Le « dimanche 29 octobre, assemblée fut faite en l'auditoire de « La Ferté, par devant M. le Bailli, pour faire élection d'un « marglier où ensemblement furent reçues les orgues comme « bonnes, par le rapport qu'en fait le sous-prieur de Long- « pont » (5).

Depuis quatre ans les premiers tuyaux étaient posés : « Le « 25 mai, on alla prier M. le maréchal de La Force de venir « entendre les premiers tuyaux des orgues, il y envoya, et « jouèrent le lendemain au *Te Deum des Matines* » (6).

Les grands travaux exécutés à cette époque, dans l'église avaient retardé l'achèvement du puissant instrument. Hélas ! il ne devait pas durer longtemps.

(1) F. 25.
(2) F. 19.
(3) F. 63.
(4) Le Marquis étant huguenot ne venait point aux vèpres.
(5) F. 63.
(6) F. 74.

Deux ans après (1690) les orgues étaient désorganisées.

Le curé nous fait comprendre sa désolation, sans phrases... un seul mot lui suffit, « désordre des orgues » (1).

Mais ce qui préoccupa vivement et de bonne heure M. Duchesne, ce fut l'embellissement de son église. A peine installé, la restauration et l'ornementation de cet édifice forment l'objet de ses premiers soins. « Le mardi 8 janvier 1619, « jour de la *Dédicace*, commençâmes à faire quêter pour le « *lambris* de notre église et continuâmes, je promis de don- « ner 10 écus pour ce subject, et le samedi 26, allâmes, M. « Holdrichon et moi à Meaux, pour consulter M. Bodart qui « avait conduit une telle œuvre. Quelques jours plus tard, il « y avait assemblée pour aviser à l'embellissement de notre « église en même temps que pour faire élection d'un éche- « vin » (2).

Les préliminaires sont très longs.

En 1620, au mois de juillet, le curé entreprend un voyage à Meaux « pour adviser au fait de notre église » (3).

On ne tarda pas à voir que, avant tout, il fallait consoli- der le monument. « Le lundi 11 décembre, on alla au bois « avec M. le bailli, de Jouarre, le gruyer, marguillers et « échevins où furent marqués *les chênes que l'on commença* « *à abattre* le mercredi 16, et ce, par le moyen de M. Pas- « chal, bailli qui escrit pour cet effet aux susdits sieurs.

« Dès le mercredi, l'on commença à travailler à notre « église et le jeudi d'amener les chênes. »

Remarquons la date des travaux ; ils commencent le 15 décembre 1620, il ne peut s'agir ici que de travaux de con- solidation pour arrêter l'écartement des murs.

Il est impossible, d'admettre que le curé qui nous cite les plus petits détails des travaux qu'il entreprend dans l'église, ne signale pas la construction des bas-côtés, s'ils n'existaient pas déjà.

Mais non le travail de la consolidation terminé, il dirige tous ses soins vers l'embellissement.

Les quêtes commencées en 1619 produisirent quelques ressources qui furent bientôt employées.

« Le lundi 6 de février 1623, se commencèrent les lambris

(1) F. 99.

(2) F. 42, 43.

F. 51.

« de notre église et la recherche des tonneaux s'en fit la se-
« maine précédente. » (1)

« Le samedi 4 de mars, le lambris de notre église fut
« achevé. Le lundi 6ᵐᵉ jour, le maçon commença à eslever
« notre grand autel, élevasmes une pierre de dessous le pu-
« pitre, qui fut mise au lieu de celle qui y était : grande
« contradiction de quelques particuliers. » (2)

M. Duchesne n'attendait pas longtemps pour payer les
ouvriers qu'il employait.

« Le dimanche 17 et le 19 de mars, baillé au maçon
« 10 quarts d'escu faisant 8 livres pour *une partie* de la
« façon de mon grand autel (3) ».

Ce fut un bouleversement complet dans l'église, et, pour
certains détails, je ferais volontiers une querelle à mon loin-
tain prédécesseur. Ecoutons le : « Le lundi 27 mars, je fis
« oster *l'autel* Saint-Léger, comme auparavant j'avais fait
« oster l'autel Notre-Dame. »

Saint Léger était le patron de la principale industrie du
pays ! Mais Notre-Dame qui est expulsée !!!

Après les maçons, les peintres : « Constant, peintre, arriva
« chez moi, le samedi 10 janvier 1624 pour travailler à *mon*
« *grand autel*, et commença à brouiller le vendredi 26. » 4)

Tout cela ne nous dit-il pas clairement, que la date 1625
qui est gravée dans le mur indique non l'époque de la construction mais d'une restauration ?.

M. Duchesne, en 1620, eut à défendre son droit de pré-
séance dans son église.

Le prieur de Reuil réclamait la première place pour lui:

« Ce même jour (14 de may 1620 me fut donnée assigna-
« tion par le prieur de Reuil se disant curé primitif, au
« Chastelet, par devant le lieutenant civil pour lui avoir
« refusé la place pastorale en l'église (5).

« Le mercredi 20 de may allai à Meaux, pour consulter
« le différend mis entre le Prieur et nous. J'envoyai à Paris
« présenter au procureur, deux quartz d'écu et demi pour la
« consultation, je donnai vingt solz pour la copie de l'infor-
« mation faite contre nous et à tort ».

(1) F. 74.
(2) F. 67.
(3) F. 57.
(4) F. 73.
(5) F. 49.

M. Duchesne est parti sans grand argent.

« Le receveur Gossot, me bailla douze livres pour faire
« voyage de Paris.

« Le dimanche 24 de Mai, je partis pour aller à Paris...
« où je subis l'interrogatoire pour l'affaire susdite...

« Le mardi, au soir, arriva Monseigneur de Meaux à La
« Barre où il souppa avec son train et nous aussi ; et le mer-
« credi fit les Calendes et alla dîner à Reuil, chez le Prieur
« où il fut parlé de notre différend » (1).

Mais Monseigneur n'a point tranché la difficulté : « le
« jeudi 11 de juin, monsieur le Doyen et moi allasmes voir
« monsieur de Meaux qui fit porter parole par monsieur le
« Doyen à monsieur le Prieur de Reuil pour nous accorder.

« Autre voyage à Meaux ! Le mardi 16, monsieur le
« Doyen et moi fûmes à Meaux, pour trouver Monseigneur
« afin d'accorder avec le Prieur de Reuil. Le voyage fut
« inutile, lui étant absent.

« Le vendredi, retournâmes à Meaux, où il y eut grande
« altercation du différend entre le Prieur de Reuil et nous,
« en la présence de Monseigneur de Meaux ou le susdit
« Prieur exhiba tous les titres qu'il croyait faire bon pour
« lui, qui ne furent estimés de grande conséquence par les
« assistants, pour être trop anciens, et acceptés seulement
« par des arbitres,

« Fut néanmoins résolu que le dit Prieur aurait stance
« honorable dans l'église, comme patron et présentateur au
« bénéfice, mais que ce ne devrait être la place du curé. Et
« toutefois le Prieur débatit tellement à cause de la sortie
« honteuse qu'il subit le jour que V... chanta sa première
« messe, qu'il obtint qu'il serait à la dite place le dimanche
« suivant, qui était le dimanche 21 de juin, et n'ayant esté
« pleinement satisfait à la messe, voulut continuer la séance
« durant les vêpres ; ce qui fut accompagné de tous les hon-
« neurs dus à un patron, et tous les différends, par ce,
« se terminèrent.

(1) F. 50.

CHAPITRE TROISIÈME

Les OEuvres Paroissiales

Sous ce titre, nous grouperons les principaux traits de la vie paroissiale que nous avons recueillis dans le journal de M. Duchesne.

En première ligne se présente l'action épiscopale.

§ Ier.— LE CLERGÉ

Le principe de la vie paroissiale dans un diocèse est dans le cœur de l'Evêque.

C'est de là que tout découle.

Certaines conditions de vie peuvent se modifier, certains moyens peuvent s'user. Mais d'une manière ou d'une autre, c'est du premier Pasteur du diocèse que doit partir le mouvement chrétien.

L'évêque de Meaux, de ce temps-là, M. de Vieupont, ne fut point inférieur à la tâche si difficile qui lui était confiée.

Voici ce que dit de lui Mgr Allou, dans sa chronique des Evêques de Meaux.

« Après les guerres de Religion, les troubles de la Ligue
« et une vacance de plus de 13 ans, la discipline ecclé-
« siastique se trouvait considérablement relâchée ; mais

« Jean de Vieupont fut l'homme choisi par la Providence
« pour tout remettre dans l'ordre.

« Dès la première année de son épiscopat en 1603, il fit
« une visite générale de son diocèse, et un peu plus tard,
« en 1607, en 1608, il visita toutes les paroisses » (1).

Le successeur de M. de Vieupont fut son neveu.

« Durant sa maladie, il résigna son Evêché à M. de
« Belleau, son neveu, qui obtint brevet du Roi » (2).

M. de Belleau continua les traditions de son oncle.

Quelques détails du journal de M. Duchesne confirment
ce que les chroniques disent de l'Evêque de Meaux.

Ainsi, pour rendre ses visites pastorales plus fructueuses,
il se faisait précéder de prédicateurs (3).

« Le jour de la Pentecôte y eut prédication par un Père
« Cordelier. Le même jour arriva un Père Capucin qui, le
« lendemain, prêcha à la première messe, la venue de
« Monsieur de Meaux, pour faire sa visite, et le Père
« Cordelier prêcha à la grand'messe ».

Et, le jour de la visite arrivé, nous voyons si l'Evêque
savait se dépenser.

« Le dimanche 9 de juin, environ les six heures du
« matin, arriva Monsieur de Meaux, avec son train, faire
« sa visite générale à La Ferté, descendit en notre logis,
« où, avec croix et bannière, le vînmes louer avec une
« petite harangue, puis, étant à l'église de la ville, allasmes
« processionnellement à Condé, le prélat, revêtu de ses
« habits pontificaux, la crosse précédant, et tout le peuple
« suivant ».

La confirmation se donna à la ville au retour de la
procession.

« Puis le dîner se prit chez nous. De là alla à Reuil,
« revint par Saint-Nicolas où il confirma aussi plusieurs
« personnes, et soupa et coucha chez nous » (4).

Les *Synodes*, à leur tour, venaient resserrer les liens
entre l'Evêque et son clergé.

Les différentes élections auxquelles il y avait à procéder,
établissaient aussi entre les membres du clergé, une union
plus solide.

(1) ALLOU, Chronique des Evêques de Meaux
(2) F. 69.
(3) F. 80.
(4) F. 100.

Les mêmes intérêts étaient traités par tous.

On choisissait des délégués pour l'assemblée du clergé :
« et pour cela était faite l'assemblée de tout le clergé à
« Meaux, dans la salle épiscopale, pour faire élection
« d'hommes, pour aller à Paris et faire la taxe » (1).

« Le mardi 28 avril 1615, se fait assemblée de tous les
« curés du diocèse, par devant Monseigneur de Meaux, où
« Monsieur Chevallier fut déclaré grand vicaire par mon
« dit Seigneur.

« C'était pour aviser à déléguer un homme pour aller à
« l'assemblée à Paris » (2).

Plusieurs fois, M. Duchesne fait cette remarque en
parlant du synode : « J'envoyai mon vicaire » (3).

Il était juste que le jeune prêtre put tirer aussi profit de
cet avantage signalé, que portent avec elles les assemblées
synodales.

En 1622, on y décida une affaire des plus importantes.

« Le jeudi premier de septembre, le synode se tint à
« Meaux, où tous les curés consentirent la séparation de
« l'Evêché de Meaux de l'Archevêché de Paris ».(4).

On voit que bien anciennement déjà, l'on pratiquait le
suffrage universel dans le clergé du diocèse de Meaux.

Au nombre des moyens qu'avaient les Evêques d'exercer
leur salutaire influence, se trouvaient les *calendes* ou assemblées des curés de campagne qui répondaient à ce que l'on
appelle maintenant : *conférences ecclésiastiques*.

Il me semble que les calendes pour être moins fréquentes
que nos conférences actuelles, devaient pourtant être très
fécondes.

Elles avaient une solennité qui ne peut être que très
utile.

Elles ne se tenaient pas toujours au même endroit.

M. Duchesne les montre, à Meaux, en plusieurs
circonstances (5).

La Ferté vit aussi les réunions des calendes. En 1622,
l'Evêque de Meaux, M. de Vieupont, vint les présider.

« Le mardi 19 avril, au soir, arriva Monseigneur de

(1) F. 90.

(2) F. 10.

(3) F. 52.

(4) F. 65.

(5) F. 73, 86, 95, 104.

« Meaux à La Ferté, pour faire tenir les calendes le
« lendemain, où se trouvèrent tous les curés du doyenné.
« il y eut grande quantité de confirmations ».

Il y eut encore des calendes en 1636.

« Le 24 avril se tinrent les calendes à La Ferté par
« M. le Théologal, Monsieur de Meaux absent, Monsieur le
« Doyen (curé de Chamigny) traita trois ou quatre curés
« seulement ; les autres s'accomodèrent à leur volonté » (1).

A défaut de l'Evêque, elles étaient présidées par quelque
dignitaire.

« Le mercredi second du mois de mars, les calendes se
« tinrent à Coulommiers où Monseigneur assista avec le
« grand vicaire et promoteur » (2).

Tel nous apparait le clergé, pris sur le fait de sa vie
intime.

§ 2. — L'ENSEIGNEMENT OU LA PRÉDICATION

La prédication est la vie d'une paroisse. Là, où la vérité
n'est pas distribuée, la foi languit et disparait bientôt.

Or, au XVIIᵉ siècle, on prêchait souvent à La Ferté.

Le curé avait son *cours régulier* d'instructions : « je
« recommençai l'explication du symbole » nous dit-il (3).

Mais, si le Pasteur tenait à se faire entendre. il n'était
pas moins désireux de produire des prédicateurs étrangers
pour distribuer le pain de la parole de Dieu.

En effet, d'après le journal de M. Duchesne, on entendait
souvent des orateurs nouveaux.

Tous les religieux qui passent. prêchent ; les instructions
des avents, des carêmes, sont données par des prédicateurs
appelés pour ce ministère ; ordinairement ce sont des
religieux, plusieurs fois c'est le Théologal de Meaux (4).

« Le mercredi 2 d'avril 1636, Monsieur le Théologal s'en
« retourna à Meaux, après qui messieurs margliers,
« échevins et procureur syndic le furent saluer et remercier,
« lui présentèrent un petit sac où ils avaient mis soixante
« écus pour l'avent et le carême ». « ... Le même jour,

(1) F. 82, 91, 146.
(2) F. 39.
(3) F. 17.
(4) F. 19.

« arriva Monsieur le Théologal qui prêcha l'avent, et
« demeura jusqu'au 2 janvier ».

C'est encore lui qui prêche le carême.

Il y avait des prédications pendant les octaves du Saint
Sacrement (2).

Et à l'occasion d'une solennité, l'auteur fait cette
remarque : « n'y eut (le 1ᵉʳ mai) prédication que par
« nous » ; tout le peuple comptait entendre un prédicateur
extraordinaire (3).

M. Duchesne nous a conservé, à propos de la prédication,
de curieux exemples de ce genre oratoire.

Il eut un jour un prédicateur *en genre démonstratif*.
Il est bien fâcheux, qu'on ne nous ait pas dit, par le détail,
en quoi consistait ce genre ; nous nous faisons l'idée d'une
prédication qui devait être passablement tourmentée (4).

Nous apprenons qu'en 1620, « le prédicateur de l'avent,
« prit pour son sujet le *premier chapitre de Genèse* » (5).

Est-ce que, déjà, les controverses sur l'*Œuvre des Six
Jours* étaient ouvertes ?

« Il logea à la *Pie*. » C'est à cet hôtel que logeaient
ordinairement les prédicateurs, la maison du curé étant trop
étroite.

Les prédications devaient avoir un caractère assez
familier, témoin ce qui se passait à la fête de Saint-André :
« a my prédication, *on va quérir le bâton* car il y a
« confrairie » ; il devait y avoir quelque cérémonie dans
laquelle les confrères avaient une part spéciale.

« En 1622, arriva une petite aventure au Théologal. Il
« devait prêcher le jour de Saint Marc ; comme il s'attardait,
« un religieux Minime, qui se trouvait là au moment de la
« prédication, prêcha... il descendait de chaire quand le
« Théologal se présenta » (6).

On ne dit pas si ce dernier fut content.

Mais voici qui dépasse toutes nos idées actuelles... les
prédications sur la place publique (7).

(1) F. 58.

(2) F. 28.

(3) F. 105.

(4) F. 53.

(5) F. 63.

(6) F. 64.

« Maître père V... écrit, aux messieurs de La Ferté, de
« venir prêcher en place publique où il se trouva grande
« quantité de peuple. Mais, après avoir longtemps attendu,
« il fit défaut, rescrit toutefois pour la seconde fois, le
« dimanche 5, qu'il arriverait le lundi et prescherait comme
« il fit, on se trouva assez de monde mais non pas tant que
« le vendredi précédent. Il continua le mardi ; le mercredi
« alla prêcher à Lisy ; le jeudi, après avoir prêché derechef
« *en place publique*, alla prêcher à Jouarre où il coucha et
« revint le vendredi et prêcha encore en place publique,
« rassura le ministre de Bézu, par lettres, qu'il irait voir
« dimanche à son presche, en avertit aussi le Seigneur » (1).
   En effet, le dimanche 11 de juin, « le Père V... alla
« entendre le presche des Huguenots de Bézu, à la fin fit
« la prédication au dit lieu; et de là revint à La Ferté, où il fit
« encore la prédication, montrant la falsification des Bibles
« Huguenotes, où il se trouva une grande quantité de peuple.
« Le lendemain, il dîna chez M. le Prieur de Reuil, et le
« mardi, alla à Lisy faire la conférence avec le ministre du
« dit lieu où se trouva M. le Théologal M... et trois autres
« et autant de messieurs de la religion prétendue, desquels
« était maître Pierre Le Cler, huguenot ».
   Ceci se passait en 1622.
   Dix ans plus tard, nous retrouvons ce genre de prédication
encore en usage : « arriva le Père Draconis qui prêcha deux
« fois ce jour, une fois à l'église et l'autre *en la place*, pour
« les controverses. » Ce qui prouverait que ces prédications
extérieures ne furent pas le fait de quelques religieux isolés,
mais une habitude passée dans les mœurs, là, surtout, où
comme à La Ferté, il y avait des protestants.
   Parmi ces prédicateurs, le *Père Pacifique* faisait mentir
son nom ; il était très violent dans ses discours.
   Aussi le Maréchal de La Force fit dire au curé de La
Ferté « que comme le Père Pacifique avait prêché en l'église
« paroissiale de Jouarre le dimanche contre Monsieur le
« Maréchal, qu'il ne trouverait bon que le dit Père prêchât
« en notre Ferté, de peur de quelque sédition, et de fait,
« s'offrit. Mais je le renvoyai pour raisons déduites dans
« notre lettre (2). »
   Nous ne pouvons nous défendre de reproduire un effet
oratoire mis en œuvre à La Ferté un jour de vendredi saint.

(1) F. 64.
(2) F. 72.

Nous n'hésitons pas à croire la pièce apocryphe, elle nous est transmise en latin ; nous la donnons à titre de curiosité. En voici la traduction :

« Sentence contre le Christ, telle qu'elle se trouve aux « archives du bibliothécaire de l'église de Vienne, dite le « vendredi saint. dans un sermon sur la Passion, par le « Père Cordel Minime, prêchant cette année (1614) à La « Ferté.

« Nous Ponce Pilate, juge à Jérusalem, sous le tout « puissant monarque Empereur Tibère-César-Auguste, que « le Très-Haut conserve son Empire très prospère en toutes « choses, et à tous Salut. A Nous juge du peuple, siégeant « en notre tribunal pour le zèle de la Justice et de la Syna- « gogue, a été présenté Jésus de Nazareth qui, par une « téméraire assertion. dit être Dieu ; alors qu'il est né d'une « mère pauvresse, affirme être le roi des Juifs et se vante « qu'il détruira le temple de Salomon, et, très certainement « éloigne le peuple de la loi de Moïse.

« Donc tout bien considéré et pesé nous prescrivons la « condamnation au supplice de la croix avec ces deux « larrons.

« Allez et saisissez-le » (1).

Puisque nous parlons de prédication, nous signalerons encore le moyen suivant employé pour instruire les peuples.

« Le jeudi 7 avril (1616) arriva un prêtre normand, ayant « visat de Monsieur de Meaux, pour ouïr les confessions, « catéchiser, prêcher, entendre tous les enfants en « confession ; fit une exhortation le vendredi à la première « messe et s'en retourna vers Meaux » (2).

---

(1) *Sentencia in Christum prout reperitur archivis armarioliberii Ecclesiæ Viennensis recitata die Sanctâ Veneris, in concione Passionis per Patrem Minimum Cordel eo anno prædicto (1614) Fertilati concionantem.*

Nos Pontius Pilatus Judex in Jerusalem sub potentissimo Monarcho Imperatore Tyberio Cæsaro Augusto, cujus felicissimum Imperium conservet Altissimus in omnibus et cunctis salutem. Nobis sedentibus pro tribunali, ob zelum justitiæ et synagogæ populi Judici præsentatus est Jesus Nazarenus qui temeraria assertione Deum se esse dicit, cum ex paupercula Matre natus sit, ac regem Judæorum se asserit, templumque Salomonis destruere se jactat, populumque a lege Mosaica probatissime revocat. Omnibus, igitur, his visis et probatis, crucis patibulo condemnationem, unâ cum his duobus latronibus prescribimus.

Ite et tenete eum.

(2) F. 28.

Un mois après, le même prêtre revenait encore remplir le même ministère (1).

En 1635, nous trouvons un catéchiste; cette fois c'est un jésuite.

« Le mercredi 9 mai, jour de la translation de Saint-« Nicolas, arrive un Père Jésuite, nommé le Père Bonnalot, « de Jouarre à La Ferté, qui commença le catéchisme en « l'église de Saint-Nicolas et continua en la nôtre le jeudi, « vendredi, samedi et dimanche 5° après Pâques, prêcha en « l'église de la ville : *Quidquid petieritis... in nomine* « *meo, etc...* (2).

« Le dimanche, 19 février, arrivèrent chez nous quatre « ou cinq Minimes missionnaires, pour prêcher, catéchiser, « confesser. En effet, prêchèrent aux vêpres, et le lendemain, « firent trois prédications et s'en retournèrent après leur « dernière prédication avec espérance de revenir une autre « fois pour faire un plus grand fruit ».

Ce n'est pas que le clergé paroissial ne s'occupât point de ces œuvres.

Vicaire, M. Duchesne s'occupait sérieusement de son devoir : « je voulus entendre toutes les jeunes enfants de La « Ferté, qui n'avaient communié encore, pour les instruire « et catéchiser ».

Mais il entre dans les desseins de Dieu que, de temps à autre, les consciences puissent, en plus grande liberté, s'épanouir.

Pour offrir aux âmes fidèles cet avantage il est bon que, de temps à autre, dans une paroisse, il y ait des retraites ou une mission.

PROCESSIONS

Si les processions se déroulaient maintenant aussi fréquentes qu'autrefois, que diraient nos libérâtres d'aujourd'hui? Ils acceptent toutes les démonstrations civiles les plus encombrantes, même des promenades d'animaux conduits par le premier barnum venu, mais ils ne veulent point tolérer les processions religieuses. Est-ce que la liberté ne serait point en progrès?

(1) F. 29.
(2) F. 137.

Comme on le sait, une procession est un cortège organisé en vue d'un acte religieux.

C'est à la fois un enseignement et une prière : un *enseignement* puisqu'elle se fait pour rappeler quelque mystère de la religion ; et *une prière*, parce que on s'y propose de demander à Dieu une faveur spéciale pour le spirituel ou le temporel.

Les processions étaient fréquentes aux XVI°, XVII° siècles. M. Duchesne nous a conservé le souvenir de celles qui furent faites pour le Roi, à l'occasion de son mariage, ce mariage tant combattu par un parti puissant, dont il troublait les perspectives intéressées.

« Le samedi, messieurs de Meaux envoyèrent la copie
« d'une lettre de M. de Vitry assurant le mariage du Roi et
« portant mandement de faire processions générales et
« chanter le *Te Deum* en signe de reconnaissance, les
« échevins me le vinrent communiquer environ les 8 heures
« du soir » (1).

En 1628, c'était encore des processions pour le même objet.

« En ce jour de dimanche, allasmes processionnellement
« à Jouarre où toutes les châsses et reliquaires furent portés,
« et ce, pour faire prières pour le Roi » (2).

En 1615, on fit des processions pour obtenir la paix du royaume (3).

Pour provoquer à la prière un plus grand nombre de personnes, le but de la procession était tantôt Reuil, tantôt Chamigny (4).

Assez souvent les processions se font autour de la ville.

Il y avait des processions établies de temps immémorial, à jours fixes, à certains sanctuaires.

Le jour de l'Ascension, c'était à Jouarre. « Le jeudi, jour
« de l'Ascension, allasmes processionnellement à Jouarre,
« chantasmes la messe paroissiale avant de partir » (5).

Le lundi de la Pentecôte on se rendait à Notre-Dame du Rouget ; le 30 avril, à l'ermitage de Fontaine-Cerise ; le jour

(1) F. 19.
(2) F. 93.
(3) F. 23.
(4) F. 19.
(5) F. 20, 22.

de « la fête de Monseigneur Saint-Etienne », à l'église de ce nom.

Parfois, c'était pour obtenir quelques faveurs temporelles, comme la cessation de la sécheresse.

Citons à ce sujet ce fait, peut-être inouï dans l'histoire de Jouarre.

C'était en 1615 au mois de juin.

« Le dimanche 28, Madame de Jouarre me fit écrire « pour aller le lendemain processionnellement à Jouarre, je « le fis savoir à mon prône de messe paroissiale » (1).

On attachait une très grande importance à cette procession, car le curé ayant demandé à M. de Breteuil, capitaine et gouverneur de la ville, de faire défense à tous marchands, d'étaler aucune marchandise avant le retour de la procession en question, sa requête fut favorablement accueillie (2).

Et le lendemain lundi 29 « jour de fête des glorieux « apôtres Saint Pierre et Saint Paul, après nos matines et « messes paroissiales, allasmes processionnellement à « Jouarre fort bien accompagnés. S'y trouvaient bien « quatorze ou quinze bannières. Je fis requeste à Madame « de Jouarre, avec nos échevins et margliers, qu'il lui plût « envoyer ses subjectz, le lendemain, en procession à La « Ferté, avec tous les corps saints et toutes les reliques.

« Il y eut un peu de difficultés pour les châsses, et « certains s'opposaient et empêchaient qu'elles ne fussent « transportées ailleurs, mais ayant tiré promesse de « Madame, elle tint sa promesse.

« En effet, le mardi 30 de juin, Messieurs de Jouarre, « curé et chanoines, vinrent chargés tous de riches reli- « quaires, toutes les châsses furent apportées à notre Ferté « avec grande solennité, *ce qui ne s'était jamais vu.*

« Nous allames au devant des Messieurs et reliquaires « environ l'église de Condé, et nous offrimes de les décharger « de leurs reliquaires : ils nous remercièrent, tinrent « toujours leur rang. Les châsses furent posées à la porte de « l'église ; j'étais d'avis de les mettre dans l'église, mais « quelques-uns me dirent qu'ils ne le voudraient, et tout au « contraire, car je sçus de monsieur Moblot, prédicateur, « qui me dit qu'il croyait qu'elles dussent être posées dans « l'église. Je n'en fus mary depuis, car elles eussent occupé « grand vide.

(1) F. 13.
(2) F. 14.

« Monsieur Jacques de Rotty chanta la messe. Monsieur
« Billeneau, curé faisant diacre, Monsieur Parent, sous-
« diacre, les aultres chantaient derrière la musique.

« La prédication fut faite par Monsieur Moblot, prédi-
« cateur de Madame.

« Je n'entendis pas bien son thème, mais tout son
« discours fut appuyé sur l'axiome d'Aristote : *Oportet*
« *hunc mundum visibilem et inferiorem esse contiguum*
« *rationibus superioribus.* Il illustra cet axiome joliment
« dans la source d'une fontaine qui cessant de couler, on
« va diligemment chercher la faute de l'acqueduc ». Parti
de si haut le discours dut être très beau, mais toute cette
éloquence ne reposait pas les porteurs des châsses.

« On leur présenta du vin. Ceux qui en avaient besoin
« reçurent l'offre, mais peu la rejettèrent, il y avait sujet
« pour l'extrême chaleur ».

D'ailleurs, on n'était point encore au terme des fatigues.
« En effet, la messe achevée, nous les menâmes procession-
« nellement à l'entour des fossés de la ville et rentrâmes
« par la porte de Chamigny, allasmes faire poser à Saint-
« Nicolas et de là à Condé, où Messieurs les Echevins firent
« porter du vin pour pâtir à Messieurs, le temps le
« requérait, et les allasmes reconduire jusque sur le terroir
« de Madame, avec toute solennité.

« Et là, ayant reçu la bénédiction, nous en retournâmes
« processionnellement, bien accompagnés, à La Ferté.

Sammeron et Sept-Sorts assistèrent à cette solennité.
Il y faisait beau.

« Environ les six heures, l'air devint nuageux et agité
« de vent avec quelque peu de tonnerre. Il plut fort peu.

« Les Huguenots enrageaient de voir si belle assemblée,
« et, avec blasphèmes desloyaux récitèrent des choses
« indignes de réciter. Cela m'a été rapporté par hommes
« dignes de foi.

« Toutefois ont rougi de ce que nos prières n'ont été
« vaines ».

Les processions du Saint Sacrement étaient très
solennelles.

Les premiers magistrats de la ville se faisaient un devoir
en même temps qu'un honneur d'escorter la Très Sainte
Eucharistie. « Le poêle fut porté par le Bailli, MM. de Clot,
« Corbilly et Gaultier. Le ciel fut porté par M. Paschal et le
« lieutenant Corbillon.

Enfin, il y avait les pélerinages, surtout celui de Saint-Fiacre.

« Le mardi 7 de juillet, allasmes processionnellement à
« Saint-Fiacre fort bien accompagnés ; partimes environ
« les deux heures du matin. *La messe étant célébrée*, les
« Margliers nous donnèrent à déjeuner honnestement et aux
« chantres.

« Au retour, passámes par la chapelle de Montceaux et
« de là à Saint-Jean-les-deux-Jumeaux, par l'église de
« Sammeron et par le bac qui fit trois ou quatre voyages
« pour passer le monde... » (1).

Ce pélerinage à Saint-Fiacre était dans les habitudes de
la paroisse. Une année, le curé étant malade, on fit cependant le pélerinage.

« Le mardi, jour Saint Pierre Saint Paul, on alla à
« Saint-Fiacre processionnellement, où plusieurs personnes
« y assistèrent. Moi, étant malade, je chantai toutefois la
« messe pour donner sujet à ceux qui n'y étaient allés,
« d'entendre la messe » (2).

Monsieur Duchesne signale également plusieurs *Jubilés*,
dont les principaux exercices furent des processions.

« En 1620, le lundi 8 de juin, fête de la Pentecôte,
« environ les huit heures du matin fut faite procession
« générale pour le jubilé où assista grande quantité de
« peuple. Elle se fit de l'église de la ville allant par derrière
« les fossés à Saint-Nicolas, de là à Condé, en passant par
« l'Hôtel-Dieu et revenant à l'église de la ville, se fit la
« prédication par un Père Cordelier ». Le jour de la Sainte
Trinité, il y eut grand nombre de peuple à la communion
générale du jubilé (3).

En 1628 et en 1636, nouveaux jubilés, et nouvelles
processions générales : « Le dimanche 16 juillet, la publi-
« cation du jubilé fut faite en notre prône et l'ouverture se
« fit par une procession générale qui se fit après vêpres, de
« l'église de la ville à Condé, et le dit jubilé dura jusques
« au dimanche 30 du dit mois exclusivement » (4).

Pour entretenir la vie chrétienne, il y avait encore les
associations, toutes imprégnées de l'esprit religieux.

(1) F. 14.
(2) F. 58.
(3) F. 50.
(4) F. 92.

On ne mettra pas en doute la force des associations, en voyant ce qu'elles font aujourd'hui *contre la Religion ;* hostiles ou indifférentes, elles produisent des effets désastreux. Autrefois, elles avaient une très heureuse influence : tout est dans l'esprit qui les anime.

CONFRÉRIES

La Ferté possédait de nombreuses associations.

Il y avait les confréries *militaires,* comme celles des arquebusiers, des archers, des arbalétriers.

Ces compagnies n'étaient pas très sévères dans leur recrutement, puisqu'elles acceptaient des Huguenots dans leurs rangs. Elles avaient malgré tout un caractère religieux très prononcé.

Ainsi, les arquebusiers honoraient Sainte-Barbe comme patronne (1).

A côté de ces associations militaires, ouvertes à chacun, il y avait des confréries de métiers qui toutes étaient fondées sur la religion catholique.

Nous n'avons pas ici à faire la preuve de ces dispositions, elles étaient générales.

Le manuscrit que nous consultons nous montre à peu près tous les corps de métier célébrant religieusement leurs fêtes de confrérie.

Voici, par exemple, la confrérie de Saint-Vincent pour les *vignerons* (2).

« Le jour de Saint-Vincent (1615) le bâton fut pris par « Nicolas Salon... » (3).

Ils payent vingt-trois solzs cet office de la confrérie (4).

Nous la voyons une année payer aussi le service funèbre d'un confrère.

Les *maçons* célébraient la fête de Saint-Louis le 25 août.

En 1615 « à la messe fort peu de multitude, et aux « vêpres point du tout ».

Ils n'étaient pas très fervents, les maçons de La Ferté !

(1) F. 24.

(2) F. 7.

(3) F. 21, 47.

(4) *Pro officio confraternitatis Sancti Vincentie concesserunt viginti tres solidos cum antea triginta dare solerent.*

Le 25 août, fête de saint Louis, les officiers de justice faisaient aussi célébrer « un office », en souvenir bien sûr, des équitables jugements rendus par le Saint Roi. Oserait-on dire que c'était chose superflue, pour eux, chargés de juger les autres, de se rappeler qu'il y a un grand reviseur des causes plaidées devant les tribunaux de la terre ?

En 1620, « n'y eut aucun office de la part des officiers « de justice, en cette année personne ne parla ni ne se pré- « senta » (1).

On dirait que c'est de l'actualité ; certaines cours de justice refusant de venir à la messe du Saint-Esprit.

On célébrait alors dans le Diocèse de Meaux une fête de Saint-Eloi. Le 25 du mois de juin « le maréchal du faubourg « du Limon prit le bâton. Ce jour ne se célèbre qu'à « dévotion..., toutefois peu travaillèrent » (2).

« Le 1ᵉʳ décembre. il y avait matines et messes, et le « lendemain messe pour les trépassés ». Sans aucun doute il s'agissait ici surtout des membres défunts de la confrérie (3).

Les *menuisiers* célébraient leur fête le jour de Sainte-Anne, le 26 juillet, et les *tonneliers* le jour de Saint Simon et Saint Jude.

Il y avait matines et laudes (4).

Nous voyons le même dispositif liturgique pour la fête de Saint Crépin ; bien qu'on ne les nomme pas, c'étaient probablement les *cordonniers* qui, ce jour-là, faisaient leur fête corporative.

Les *mégissiers* honoraient Saint Pond ?

« Le vendredi 19 octobre le service de Saint Pond fut « chanté solennellement au nom des mégissiers » (5).

Les disciples de Saint Hubert ne manquaient pas de se réunir à l'église ; en 1620 « y eut matines chantées » (6).

Les *médecins* célébraient Saint Cosme et Saint Damien.

Qu'était-ce que cette *confrérie de Saint Etienne* dont « les confrères faisaient célébrer un service pour l'un des « leurs Jehan Lalouette, défunt » (7).

(1) F. 51.
(2) F . 13.
(3) F. 24.
(4) F. 16.
(5) F. 97.
(6) F. 52.
(7) F. 25.

L'auteur ne le dit pas, c'était peut-être une confrérie de piété, comme celle de Sainte Croix (1).

Nous avons trouvé de curieuses particularités relativement aux mariages et aux inhumations.

Avant de les signaler, notons que nous avons eu la curiosité de chercher dans quelques registres paroissiaux, le nombre de baptêmes qui se faisaient chaque année à La Ferté.

En 1638, nous en trouvons 143, en 1639, 153.

Aujourd'hui, où le chiffre de la population a plus que doublé, nous ne rencontrons qu'une moyenne de 100 à peu près.

Les mariages se font souvent le dimanche ; souvent aussi ils sont célébrés pendant la nuit, à *deux heures, trois heures* du matin.

Monsieur Duchesne relate le mariage « de M. Lalouette avec « une Chardonnerelte » (2).

La famille Lalouette avait attiré son attention.

En 1614, il nous signale le mariage, le même jour (un dimanche), de Etienne Lalouette, père et fils, du Limon, « qui espousèrent la mère et la fille » (3).

Les mariages étaient célébrés aussi bien à Saint-Etienne de Condé qu'à Saint-Denis en ville (4).

INHUMATIONS

Pour ce qui est des inhumations, une chose qui frappe, c'est la promptitude avec laquelle on y procède ; ainsi, une personne meurt pendant la nuit ou dans la matinée, le corps est porté en terre le jour même.

C'est si bien l'habitude, qu'une année, le curé eut des ennemis très grands pour avoir refusé une sépulture le jour de Pâques, alors que rien ne pressait.

« La nuit entre le samedi et dimanche 23 de mars (1636) « jour de Pâques, arriva la mort de Jean de la Court, l'on « voulait que l'inhumation du corps se fît le jour de Pâques, « contre les ordonnances de l'Eglise. Voulant suivre les

(1) F. 19.
(2) F. 148.
(3) F. 18.
(4) F. 69.

« canons ordinaires, allèrent trouver monsieur le Théologal
« preschant lors à La Ferté, qui fit réponse qu'il n'était
« venu pour enfreindre les lois de l'Eglise, mais pour les
« maintenir ; et, en effet, selon l'ordre, le corps fut inhumé
« le lundi au matin entre les deux messes, et de là allasmes
« à Reuil processionnellement où prescha le dit sieur
« Théologal assez succinctement » (1).

Ou bien quand on n'avait pas pu faire l'inhumation dans
la soirée selon l'habitude, on la faisait de très bonne heure
(entre 5 et 6 heures du matin) ou autres heures très
matinales (2).

Mais si l'on se montrait empressé à inhumer les corps,
on ne témoignait pas moins d'empressement à accompagner
les âmes d'abondantes prières. Nous voyons relater souvent
la mention : deux, trois, quatre *messes haultes* ; les services
chantés se continuent pendant plusieurs jours, ou bien c'est
toutes les semaines à jour fixe pendant un certain temps,
des mois ou une année entière, jusqu'au jour anniversaire
de la mort.

La Paroisse de La Ferté a conservé jusqu'à nos jours
cette antique coutume ; dans certaines circonstances, il y a,
le jour de l'inhumation, avant la messe des funérailles
« deux messes haultes ».

Comme pour les mariages, ces messes hautes sont
chantées soit à Condé soit en ville : c'est, nous n'en doutons
pas, le désir des familles qui guide le choix du sanctuaire.

La recommandation des défunts au prône du dimanche
était également en usage (3).

Notre manuscrit nous a relaté, à plusieurs reprises, le
fait d'inhumations dans les églises paroissiales.

C'est un M. Pillion (1623) qui est inhumé dans l'église
de la ville.

L'année suivante (1624) c'est un diacre dont les funérailles solennelles furent faites *ad modum clericorum* (4).

« Le 25 octobre, mort d'un gentilhomme, appelé La
« Moltre, officier du Roi, qui demeure malade chez
« Nicolas V..... Son corps fut inhumé le samedi au soir du
« même mois *en l'église de Condé* » (5).

(1) F. 145.
(2) F. 49.
(3) F. 57.
(4) F. 64.
(5) F. 141.

« Le mardi ? de septembre (1636), environ les 8 heures
« du soir, mort de la femme d'Anthoyne Roussel, de Mont-
« plaisir. Le corps inhumé le mercredi 3 dans l'*église de*
« *Condé*, où fut chantée une messe haulte ici, et l'autre à
« Condé » (1).

Nous avons la certitude qu'on faisait aussi des inhumations dans l'église de Saint-Nicolas.

En 1628, mourut à La Ferté M. de Bethisy, ancien
prieur de Saint-Nicolas.

Comme il était devenu paroissien de Saint-Etienne, son
« corps fut apporté dans notre église et reporté à Saint-
« Nicolas ».

Monsieur Duchesne nous a transmis des faits qui prouvent
la grande terreur qu'inspirait ce qu'on appelait la *maladie
contagieuse*.

Personne ne voulait soigner les malades et ensevelir les
morts.

Il y en eut un qui mourut dans les conditions où
meurent les bêtes. Il signale un cas où la femme du défunt
en fut réduite à enterrer elle-même son mari dans le
jardin (2).

Nous n'avons trouvé qu'un seul cas de ce que nous
appelons aujourd'hui *enterrement civil*. La façon dont la
chose est racontée fait supposer que ce fut un cas de refus
de sépulture ecclésiastique. « Le dimanche 5 d'octobre,
« mort d'Abdias..., en la maison de la veuve Nazareth, à
« Fay, et parce que la mort fut subite, son corps fut mené
« *droit au cimetière de Condé*, et inhumé le lundi matin ».

Voici un fait qui montre le respect que l'on avait pour
les cimetières, terre bénite et consacrée, par les prières de
l'Eglise, à la sépulture des fidèles.

« La nuit, entre le dimanche et le lundi 23 et 24 de
« juillet, mourut le petit marquis de La Force. Son corps
« fut embaumé, mis dans un cercueil de plomb, et ses
« entrailles portées au jardin des Huguenots (3); et le lundi
« 30 d'octobre son corps fut transporté en Gascogne » (4).

Nous trouvons, en 1614, la procession générale pour les

(1) F. 149.

(2) F. 96.

(3) Et pourtant c'était le neveu du Maréchal de la Force, seigneur de La Ferté !

(4) F. 92.

défunts, celle que nous faisons encore maintenant le 1er novembre, transférée au dimanche 9 du même mois (1).

A propos de sépultures et de dévotion aux trépassés, citons un usage qui ne cadre plus avec nos habitudes, c'est le *banquet du jour des Trépassés.*

Qui y prenait part ? Se faisait-il entre la parenté réunie quand une famille avait été frappée ?

Etait-ce certaines catégories de personnes de condition semblable qui se réunissaient après une prière générale faite pour les morts ? L'abbé Duchesne ne nous le dit pas.

Mais, par le menu qu'il nous a laissé de ce banquet, il est facile de voir qu'il y avait nombreuse assistance.

« Mémoire des frais faits pour le banquet du jour des « Trépassés.

« Trois chappons pour rôtir, trois poulles à bouillir, « trois membres de mouton, une longe et une poitrine de « veau pour rôtir et pour la bouillir avec les volailles sus- « dites, trois pieds de mouton, trois pieds de bœuf, une « fraize de veau avec un jarret de veau.

« La salade des bettes-raves et genestres.

« Dessert, fromage, pommes et poires » (2).

On avait choisi le jour de fête des glorieux Saint-Cosme et Damien pour un service pour les Trépassés.

Saint Cosme et Saint Damien étaient médecins, la piété des fidèles qui faisait prier pour les morts, n'avait-elle pas, dans le choix de ce jour, voulu prier pour les médecins afin d'obtenir que Dieu les éclaire. N'en ont-ils pas besoin, et y a-t-il des hommes chez qui l'erreur puisse avoir de plus cruelles conséquences ?...

Nos ancêtres ne raisonnaient pas trop mal.

§ 3 LA PAROISSE

Disons maintenant quelques mots sur les fêtes en usage.

Naturellement la fête de saint Etienne était célébrée très solennellement, même en semaine.

Ainsi en 1618 ce n'est que par exception « qu'on ne chante pas les matines dans les octaves de la Nativité » au 26 décembre (3).

(1) F. 5.
(2) F. 5.
(3) F. 42.

L'invention des reliques de saint Etienne, le 3 août, était aussi très solennelle : il y avait sermon (1).

La fête de saint Denis était célébrée aussi avec messe et vêpres (2).

La fête de la Dédicace de l'église de Saint-Denis était fixée au 8 janvier (3).

Notre église paroissiale a donc reçu, en quelle année? nous l'ignorons, la consécration solennelle des prières et des onctions de l'Eglise, elle en est privée maintenant depuis les souillures de 1793.

On célébrait encore en semaine la fête de saint Benoît. On se l'explique facilement, puisque la cure de La Ferté était à la présentation des moines de Reuil, appartenant à la grande famille de saint Benoît (4).

Il en est de même de la fête de sainte Marie-Madeleine (5).

Les prières des 40 heures se faisaient très solennellement à La Ferté.

« Les jours de sainte Anne et saint Jacques, 25 et 26
« Juillet, se firent les prières des 40 heures, en notre Eglise.
« Commençames le jour de sainte Anne entre trois et quatre,
« par l'invocation du Saint-Esprit. chantâmes Matines, et
« après les Laudes se fit une procession générale dans la-
« quelle le Saint-Sacrement fut solennellement porté et le
« ciel (dais) soutenu par quatre prêtres revêtus de tuniques.

« Et le dimanche pareille procession à Condé, et le tout
« se termina environ les 8 heures du soir ».

« Une autre année, on peut dire que le programme fut
« encore plus beau.

« Commandement fait pour faire les prières des qua-
« rante heures, ce qu'ordonnasmes être fait le samedi 2
« d'aoust, veille de saint Estienne, et pour cet effet com-
« mençasmes le samedi 2 d'aoust, précisément à 3 heures,
« par l'invocation du Saint-Esprit, puis allasmes proces-
« sionnellement à l'église de Condé et au retour conti-
« nuasmes jusques au lundi 4, jusque à *sept* ou plutôt *huit*
« heures du matin. Messire Anthoyne nous secourut, mon-

(1) F. 92.

(2) F. 77.

(3) F. 25.

(4) F. 26.

(5) F. 16.

« sieur Bonard fit de même ; monsieur le Prieur voulut être
« de la partie. Y eut quantité de communiants » (1).

La fête de la Toussaint nous apparait célébrée de la manière la plus chrétienne qui se puisse désirer (2).

Le nombre des communiants était considérable. « Plu-
« sieurs furent à confesse tant le jour que la nuit ».

Ce jour là, c'était la coutume de sonner longtemps les
cloches.

« En l'an 1615, on s'en abstint pour les inconvénients
« qui eussent pu arriver à cause que les sentinelles n'eussent
« pu entendre à l'entour d'eux. »

Voici le récit de la fête de l'Assomption de Notre-Dame.

« Jusqu'à 6 heures du matin de lendemain jour Saint-
« Roch y eut prière des 40 heures, qui se commença le
« dimanche à 2 heures après midi par *Ave Verum* devant
« le *Corpus Domini*, puis *Veni Creator*.

« Allant à la Procession dans laquelle le *Corpus Domini*
« fut porté autour de la Ville, reposoir à Saint-Nicolas, de
« là à notre église où on chanta Vêpres, posément puis la
« prédicat on.

« Après complies l'on chanta les sept psaumes et gra-
« duels surlechant des Pères de l'Oratoire. Sur le soir, salut
« où on chanta vêpres du Saint-Sacrement puis on recom-
« mença le psaultier.

« Mais environ les dix heures se commencèrent les mati-
« nes du Saint-Sacrement qui durèrent jusques à ce qu'il
« fallut chanter les matines de Notre-Dame, le tout avec
« bon et bel ordre que nous y avons mis » (3).

Si l'Assomption de la sainte Vierge était ainsi célébrée
en France, rien d'étonnant que Louis XIII ait choisi ce jour
pour consacrer notre patrie à Marie. La France avait déjà
devancé son Roi.

L'église Saint-Nicolas avait aussi ses fêtes, on le conçoit
facilement.

Le 6 décembre « la solennité se fit le jour à La Ferté au
« Prieuré à cause que c'est le Patron ; aux autres paroisses,
« le service seulement » (4).

En 1635, le cardinal Richelieu de passage à La Ferté

(1) F. 149.
(2) F. 22.
(3) F. 65.
(4) F. 83.

chanta la messe à Saint-Nicolas, le jour de la fête du Saint-Sacrement.

L'Hôtel-Dieu célébrait solennellement la fête de saint Léonard.

La maladrerie avait encore ses offices.

Et comme pour comprendre en une seule solennité tous les Saints du Diocèse de Meaux, on célébrait la fête des Saintes Reliques de nos Saints (1).

En 1616, cette fête se fit le 25 octobre. On portait les précieux restes en procession à Condé et le Bailli se faisait un honneur de les escorter.

Nous terminerons la série de ces observations sur les fêtes par quelques remarques liturgiques.

Ainsi ,nous trouvons que la fête de saint Barthélemy, ne se célébrait pas en notre diocèse le 24 août (2)

La fête de saint Claude était célébrée la veille de la Pentecôte (3).

Saint Prix était en grand honneur puisque « le dimanche « 12 juillet on chante matines, il y a la messe du dimanche « et celle de saint Prix après » (4).

La Liturgie du Samedi Saint était quelque peu fantaisiste.

« Le Samedi Saint 18 d'avril, la bénédiction des fonts bap- « tismaux et la bénédiction du cierge béni se fait étant « chantée à Condé. Comme à la Ville, l'on ne chante *vidi* « *aquam*, l'eau bénite se jette sans rien chanter, les leçons « toutefois, devant qu'aller aux fonts ne se chantent pas à « Condé » (5).

La si touchante cérémonie de la *première communion* nous apparait en usage: « Le mercredi 19 mars, M. le « Théologal fit une action remarquable, chanta la messe « du Saint-Esprit solennellement à diacre et sous-diacre, ou « après qu'il eut communié, démit la chasuble, se posa en « une chaire tapissée proche de l'autel où il fit une exhorta- « tion fort édifiante *notamment aux enfants qui n'avaient* « *jamais communié*, où il leur fit faire profession de foi « touchant la Sainte-Eucharistie dans ses mains et après « les avoir communié, les exhorta à être gens de bien, où

(1) F. 22.
(2) F. 18.
(3) F. 12.
(4) F. 15.
(5) F. 58.

« il fit fort bien, puis reprit la chasuble, continua la messe.
« L'action fut bien reçue, aussi était-elle de grande édifica-
« tion, fort fructueuse » (1).

Enfin voici comme on recevait le Seigneur de La Ferté
quand il prenait possession de la ville : « Le jeudi 17 mars
« environ les 3 heures après-midi, furent assignés les mar-
« gliers, eschevins pour voir prendre possession de la ville
« de La Ferté au nom de M. le Prince (de Condé), par un de
« ses gentilshommes appelé La Violette, auquel il avait passé
« procuration de ce faire, *au son de la grosse cloche*. L'on
« se rendit à l'*auditoire* où se trouva grande quantité de
« peuple, et monsieur Petit comme plus ancien praticien le
« mit en possession de la chaire de judicature où étant
« toutes les lettres de donation par le Roi au dit Monseigneur,
« les premières furent lues. De là, on alla au château et puis
« on vint à l'église, à la fin se chanta l'*Exaudiat* ».

Nous pouvons clore ici cette deuxième partie de notre
Etude, dans laquelle nous avons inséré un grand nombre de
faits disséminés sous la plume d'un prêtre qui, lorsqu'il les
consignait, il y a plus de deux cents ans, ne pensait pas préparer les éléments d'un travail historique.

Il nous en a transmis beaucoup d'autres que nous retrouverons un jour : pour aujourd'hui nous n'avons d'autre but
que de présenter l'histoire de nos églises, aussi nous y reve-
nons sans retard.

(1) F. 144.

TROISIÈME PARTIE

LES

ÉGLISES DE LA FERTÉ

Pendant le XVII° et le XVIII° Siècle

Jusqu'à la fin de la Période Révolutionnaire

CHAPITRE PREMIER

Situation de l'Église de La Ferté

PENDANT LE XVIIe ET LE XVIIIe SIÈCLES

Nous avons dû, plus haut, dans notre étude sur l'église *Saint-Etienne Saint-Denis*, devancer l'ordre chronologique relativement à certains faits se rattachant à nos églises fertoises.

On se rappelle que le curé Jean-Baptiste Brotin fit construire une chapelle ; et jusqu'à preuve du contraire nous continuerons de penser qu'il s'agit de la chapelle Saint-Jean.

C'est de son temps que « la flèche de la tour Saint-« Etienne fut abattue pour cause de vétusté, entre 1650 « et 1660 » (1).

M. Brotin donna sa démission en 1662 et eut pour successeur M. Braquet, qui administra la paroisse, de 1662 à 1680.

C'est en cette année 1680, que M. Brotin mourut à Paris

(1) Archiv. municip. D. 4.

6

où il était allé demeurer et fut enterré dans la chapelle qu'il s'était fait construire (1).

Quelques mois après avoir rendu les derniers devoirs à son prédécesseur, M. Braquet mourut à son tour.

Les registres paroissiaux conservent de lui, un éloge funèbre aussi éloquent que simple (2).

Il eut pour successeur de 1680 à 1702, M. Le Taillandier.

Ce nouveau curé fut à la tête de la paroisse pendant la plus grande partie de l'épiscopat de Bossuet qu'il eut l'honneur de recevoir.

Voici en quels termes le curé de Saint-Jean-lès-deux-Jumeaux, en ce temps là, parle de lui dans son journal (3).

« Le jeudi 3° d'octobre, passa M. Taillandier, précepteur « des enfants de M. le Procureur général du grand Conseil, « qui sortait de Saint-Nicolas du Chardonnet, pour venir « s'établir à La Ferté, dont il avait fait prendre possession « par procureur, un mois ou six semaines auparavant, sur « la collation de M. le Prieur de Reuil qui est donateur du « bénéfice, vacant par la mort de M. Braquet » (4).

Le même auteur, en 1682, dit que *Saint-Denys est la paroisse de La Ferté* ; ce qui indique très nettement que Saint-Etienne est de plus en plus abandonné (5).

Nous aimerions à nous étendre sur certains faits qui ont dû mettre M. Le Taillandier en présence de Louis XIV en 1683 (6), et à deux reprises différentes en 1687 (7).

(1) Messire Jean-Baptiste Brotin, prêtre, ancien curé de cette paroisse, Doyen de Fertés et chanoine de Saint Thomas-du-Louvre, mort dans le cloître du dict Saint Thomas, le quinzième mars, enterré dans *la chapelle qu'il s'était faict batir* dans l'Eglise paroissiale de cette ville, le mercredi vingtième de mars. (Registres paroissiaux, 1680)

(2) « Messire Estienne Braquet, prestre curé de cette paroisse et Doyen des Fertés « âgé de 45 ans, mort le seizième juin et est enterré dans le cymmetière de Condé, et « lequel a desservi sa dicte paroisse pendant 18 ans, à la gloire de Dieu et à l'édification « des paroissiens. Que Dieu lui fasse miséricorde s'il luy plaist ». (Registres paroissiaux à la Mairie.

(3) M. Raveneau, curé de Saint-Jean, a écrit, lu, aussi, le journal de sa paroisse. On y trouve, notamment sur Bossuet, des notes du plus haut intérêt.

(4) Raveneau, p. 93.

(5) Raveneau, p. 130.

(6) Raveneau. p. 150.

(7) Raveneau, p. 267 et 271.

Volontiers nous raconterions et la réception solennelle faite à Bossuet lors de sa première visite pastorale à La Ferté, et la conférence ecclésiastique du canton, présidée par le grand évêque, et dans laquelle furent résolus un grand nombre de cas de conscience et de discipline ecclésiastique.

Mais nous dirons tout cela ailleurs (1).

Le successeur de M. Le Taillandier fut M. L'Enfant, de 1702 à 1737.

Nous signalerons bientôt l'établissement à La Ferté d'une maison d'éducation, correspondant à nos modernes écoles d'enseignement secondaire : ce fut M. L'Enfant qui commença, en 1728, les premières démarches (2).

Enfin, nous arrivons à M. Hattingais, le plus célèbre des curés de La Ferté (1737-1777).

Il se fit connaître par la bonne humeur de son caractère.

Bachelier en théologie, il ne cultivait pas avec moins de bonheur la poésie.

Peut-être, pendant longtemps, on a chanté, à La Ferté, les chansons de circonstance que le curé avait rimées.

Mesdames de France qui eurent à passer plusieurs fois ici, allant à Plombières, ne manquaient pas de se le faire présenter.

Le curé payait l'honneur qu'on lui faisait par quelque joviale production de son esprit.

Nous pourrions, assez longuement, nous étendre sur ce point.

Mais nous ne tenons en ce moment la plume que pour écrire l'histoire de nos églises.

La ville de La Ferté fut l'objet d'une gracieuse prévenance de la part du cardinal de Bissy, évêque de Meaux.

Après de nombreux pourparlers pour l'établissement, à La Ferté, d'une école supérieure dans laquelle les jeunes gens feraient leurs humanités *en vue des différentes carrières civiles ou ecclésiastiques*, le cardinal établit un troisième vicaire qui devait être chargé de faire les cours.

Il laissait pour cet objet une rente de 300 livres...

Plût à Dieu que les idées généreuses du Prince de l'Eglise eussent eu des suites heureuses !

Quel bien, à tous points de vue, c'eut été pour La Ferté !

(1) Raveneau, p. 200.
(2) Reg. munic, D. 2, f. 9. D. 3, f. 3.

Le vicaire obtenu, il fallut le loger. Le curé Hattingais remit alors sous les yeux des magistrats de La Ferté la vieille question de l'obligation pour la ville de loger le curé.

Un instant, on fut sur le point d'acheter une maison pour le presbytère dans lequel le troisième vicaire trouverait une chambre (1). Mais, en 1739, on se contenta de voter une somme annuelle comme indemnité de logement pour le curé et le vicaire.

De bonne heure, M. Hattingais s'était acquis une situation importante à La Ferté.

Nous le voyons en effet signer, en qualité de *notable*, des actes de l'administration civile (2), et prendre une part très active aux plus graves affaires qui intéressaient la cité (3).

Rien n'indique que la ville s'en soit mal trouvée.

C'est au cours de l'administration curiale de M. Hattingais qu'eut lieu la destruction totale de ce qui restait de l'église Saint-Etienne de Condé.

Ce n'était plus que des ruines.

Hélas ! il y a pour quelques-uns l'obligation d'assister à certaines destructions nécessaires, comme pour d'autres il y a obligation de se contenter de stériles désirs en face de reconstructions, elles aussi, nécessaires.

Nous croyons devoir relater, en entier, l'exposé des raisons qui prévalurent pour l'abandon complet de Saint-Etienne.

« L'an mil sept cent cinquante, le dimanche 5 juillet, en
« l'assemblée générale des habitants de la ville et paroisse
« de La Ferté-sous-Jouarre, indiquée et annoncée au son
« de la cloche et tenue en l'hôtel ordinaire en la manière
« accoutumée, a été dit par le sieur Jean-François Le
« Sourd, conseiller du Roi, son procureur en l'hôtel de la dite
« ville, que par Monsieur Bouron, subdélégué, il lui avait
« été remis un ordre de la part de Monseigneur l'Intendant
« de la Généralité de Paris qui lui enjoint de faire assembler
« les habitants et propriétaires de biens, à l'effet de délibérer
« sur les moyens de pourvoir aux réparations de l'ancienne
« église paroissiale, nommée Saint-Etienne de Condé, en
« conséquence d'un mémoire qui lui avait été donné par

(3) D. 5, f. 32, 38.

(4) Arch. municip., D. 3, f. 39.

(5) Arch. municip. D. 5, f. 68, 70, 92, 94. D. 6, f. 12.

« Monsieur l'abbé de Choiseul, prieur commandataire de
« Reuil comme gros décimateur, si mieux n'aimaient les
« dits habitants d'en demander la démolition, que comme
« chargé du dit ordre il requérait que le dit mémoire fut
« transcrit sur les registres communs après que lecture en
« aurait été faite à la dite assemblée ainsi que de ceux
« donnés en séance et qu'il fut délibéré sur le contenu.

« Sur quoi lecture faite à la dite assemblée des dits ordre
« et mémoire, avait par le dit sieur Procureur du Roi été
« exposé : 1° Que rien ne serait plus de l'intérêt de la
« communauté des habitants et propriétaires de biens de la
« paroisse de la dite Ferté que la démolition de l'ancienne
« église nommée *Condé*, dont la réparation serait plutôt
« une reconstruction qui pourrait coûter plus de dix-huit
« mille livres, non compris le rétablissement de la flèche de
« la tour, qui a été abatue pour cause de vétusté il y a plus
« de quatre-vingt-dix ans, de sorte que cette dépense ne
« pourrait se faire que par un rôle d'impositions sur les
« habitants et propriétaires de biens qui leur serait très
« onéreuse et encore de toutes inutilités à cause de l'éloi-
« gnement de la dite église des dits ville et faux bourgs, la
« voute de cette église étant déjà en partie tombée, le
« reste pret à s'écrouler, les portes cassées, hors d'état de
« servir, les croisées sans vitraux, l'église dépourvue
« d'ornements et de décorations, n'étant point carrelée, n'y
« ayant ni chaire de prédicateur, ni bancs, ni lambris, etc.

« 2° Qu'il serait donc avantageux et même nécessaire
« d'en faire la démolition dont le produit pourrait être
« employé à la construction d'une chapelle qu'il serait
« convenable d'y conserver à cause du cimetière dans lequel
« la dite église est située.

« 3° Que ce qui doit d'autant plus déterminer les
« habitants à la démolition de cette même église, outre sa
« vétusté et son éloignement, c'est la nouvelle église que
« les dits habitants ont été obligés de faire construire au
« milieu de la ville, à leurs dépens, il y a plus de cent vingt
« ans, laquelle a été agrandie peu à peu, en sorte qu'elle est
« à présent plus d'un tiers plus grande que l'ancienne
« église, quoi qu'elle ne soit pas encore suffisante pour
« contenir le peuple les jours de grande fète, laquelle
« nouvelle église est entièrement devenue l'église paroissiale
« puisque depuis son établissement on y a toujours fait
« l'office ordinaire à l'édification des paroissiens et qu'il y a

« plus de douze ans que dans l'ancienne on n'a pu célébrer
« la messe.

« « 4° Qu'il y a deux cloches descendues dans l'église
« depuis la ruine de la flèche, restées inutiles, lesquelles il
« conviendrait de faire refondre pour en former deux petites
« que l'on placerait dans un clocher qui serait construit sur
« la chapelle du cimetière et que du surplus de la matière
« de ces cloches il en serait fait une grosse, d'accord avec
« celles de la nouvelle église, pour être mises dans la tour
« en la place réservée à cet effet ; et qu'enfin il serait encore
« avantageux pour les dits habitants et propriétaires de
« biens, de demander la démolition de l'ancienne église,
« attendu qu'ils n'en auraient plus qu'une à entretenir et
« qu'ils seraient déchargés à l'avenir de faire les réparations
« au chœur et cancel de l'église paroissiale actuelle puisque
« M. l'abbé de Choiseul, comme principal gros décimateur,
« offre de s'en charger et consent qu'il en soit obtenu un arrêt
« au Conseil de Commune avec les autres co-décimateurs,

« Sur lesquels articles exposés, les habitants assemblés
« ayant entendu, examiné et mûrement réfléchi, après ce
« qui leur est aparu et le consentement donné par Haut et
« Puissant Seigneur M. Louis de Roye de La Rochefoucauld,
« Marquis de Roye, Lieutenant général des Galères de
« France, Seigneur Baron et Chatelain de la dite Ferté et
« Baron de Chamigny, du vingt juin, pour la démolition de
« la dite ancienne église, représenté par M. Siméon Couroy,
« son procureur fiscal au baillage de la dite Ferté et
« Chamigny, dont a été présentement fait lecture dont
« copie sera transcrite en fin de ces présentes ;

« Veù le mémoire présenté à Monseigneur l'Intendant
« par mon dit sieur l'abbé de Choiseul, prieur de Reuil,
« gros décimateur de la paroisse de la ditte Ferté, au bas
« duquel mémoire est la signature du dit Seigneur abbé de
« Choiseul par lequel il offre de faire employer la somme de
« deux mille livres, et plus, à laquelle le prix des réparations
« nécessaires à faire au chœur et au cancel de la dite
« ancienne église a été estimée par experts à la charge de
« la succession de feu M. l'abbé de Bissy, son prédécesseur
« au dit prieuré de Reuil et d'autres co décimateurs, aux
« réparations à faire au chœur et cancel de l'église
« paroissiale actuelle de La Ferté et de se charger à l'avenir
« avec les co décimateurs de l'entretien du dit chœur et
« cancel de la dite nouvelle église ;

« Veù aussi l'acte capitulaire des sieurs Prieur claus-
« tral, Religieux et couvent du dit Reuil co décimateur
« avec le dit seigneur abbé de Choiseul de la dite paroisse
« portant entre autres choses pareil consentement et offres
« que le dit seigneur abbé de Choiseul en date du présent
« mois ;

« Et ouy maître Pierre-François Courtin, chevalier
« seigneur d'Ussy, Marcy, Morintru, Tanqueux et autres
« lieux ; Jean-Jacques Bourdin, écuyer, conseiller secré-
« taire du Roi, maison, couronne de France et de ses
« finances, seigneur de la Barre, de Bournonville et autres
« lieux, les fiefs des dits lieux de Marcy, Morintru en partie,
« La Barre et Bournonville, situés en la dite paroisse ; Jean
« Moussot, écuyer, sieur de Cornillon, chevalier de l'Ordre
« royal et militaire de Saint-Louis ; Alexandre Lefevre,
« écuyer, sieur de Maurepas, docteur en médecine ; maître
« Claude-Nicolas Bacquet, prêtre, chanoine régulier de
« l'abbaye de Saint-Jean-des-Vignes de Soissons, prieur
« curé de Saint-Nicolas de cette ville ; les sieurs Jacques-
« François Delalou et Claude Maréchal, conseillers du Roi,
« échevins perpétuels et alternatifs de la dite ville ; sieur
« Jean-François Houdry, conseiller du Roi, assesseur,
« sieurs Julien Chatelle et Nicolas Bertin, marguilliers ;
« M. Alexandre-César Dieneris, M. Claude Couesnon,
« M. Michel Désausné, M. Charles Le Clerc, Esprit-Sébas-
« tien Le Maitre, Louis, Ambroise et Charles Regnard,
« Pierre-François Houdrichon, notables, et Alexandre
« Dubois, N. Darbine, Esprit-Sébastien Baron, Jean-Fran-
« çois Le Sourd, Joseph Pinart, Vincent Chobert, Jean
« Dubois, Sébastien Claudin, Etienne Racine, Félix Hin-
« bert, Prisce Hinbert-Flégny, Jean-Antoine-Hinbert
« Ferrolle, Louis-Guillaume Favière, Jean-Baptiste Gibert,
« Jacques Fossoyeux, Pierre-Antoine Lemoine, Delannois,
« Simon Gueuvin, Jean-Louis Gueuvin, Charles Chastelain,
« Jean Bohaire, Jacques Sellier, Jacques Ruelle, tous
« officiers, marchands, bourgeois et autres habitants de la
« dite paroisse de La Ferté.

« Lesquels dits, sieur curé de Saint-Nicolas, seigneurs
« de Marcy, Morintru, de La Barre et de Bournonville,
« S. Moussot de Cornillon, Louis-Alexandre Lefevre, éche-
« vins, assesseurs, marguilliers et habitants sus nommés
« cy-présents ont, d'une voix unanime, consenti au moyen
« des offres ci-dessus des dits seigneurs de Choiseul et

« sieurs Religieux de Reuil co décimateurs et du consente-
« ment du dit seigneur marquis de Roye, seigneur de la
« dite Ferté que la démolition de l'ancienne église nommée
« *Condé* soit faite conformément et pour les raisons
« déduites, au pouvoir actuel de l'exposé cy-dessus, à condi-
« tion qu'il sera fait une chapelle du chœur seulement de la
« dite église sur laquelle chapelle sera construit un clocher
« pour y placer deux petites cloches, dont il sera fait un
« devis et marché et en conséquence l'adjudication au
« rabais, comme aussi qu'il sera fait une adjudication au
« rabais de la démolition des deux chapelles collatérales de
« la nef, des bas cotés et de la tour, qu'il sera aussi fait une
« adjudication au plus offrant et dernier enchérisseur des
« matériaux provenant des dites démolitions, pour être, le
« prix de l'adjudication des dits matériaux, premièrement à
« payer le prix de l'adjudication des dites démolitions
« ensuite le prix des ouvrages pour faire la dite chapelle
« suivant et conformément aux devis et marchés et que le
« surplus des deniers de la dite adjudication, s'il s'en trouve,
« seront employés à la décoration de la dite chapelle ;
« La refonte des deux cloches qui sont dans l'ancienne
« église de Condé sera pour en être fait deux petites cloches
« pour mettre dans le clocher de la dite chapelle, et que du
« surplus de la matière il en sera fait une grosse cloche
« pour être placée dans la tour de l'église paroissiale de la
« dite Ferté, suivant qu'il est porté par le quatrième article
« du dit exposé.
« Au moyen desquels consentements, offres et conditions
« ci-dessus, les dits Seigneur, habitants et propriétaires de
« biens dans la dite paroisse, ont pleinement déchargé et
« par ces présentes déchargent en tout et en partie dès
« aujourd'hui et à toujours, tant la succession de feu
« M. l'abbé de Bissy que M. l'abbé de Choiseul, prieur
« actuel du dit Reuil, et ses successeurs prieurs et gros
« décimateurs ainsi que tous ceux que cela pourrait
« intéresser, de tout entretien et décoration quelconque de
« la dite chapelle sans que les uns ni les autres en puissent
« jamais être inquiétés ni recherchés, à condition que les
« deux mille livres et plus, destinées aux réparations du dit
« chœur et cancel de la dite ancienne église seront
« employées aux réparations à faire au chœur et au cancel
« de la dite nouvelle église paroissiale de La Ferté à l'effet
« de ce que dessus les dits seigneurs et habitants supplient

« Monseigneur l'Intendant en approuvant la présente délibé-
« ration, de faire obtenir un arrêt du Conseil qui homologue
« le présent acte et qui autorise dès aujourd'hui et pour
« toujours la translation des réparations du chœur et cancel
« de la dite ancienne église aux chœur et cancel de la
« nouvelle église paroissiale de La Ferté et décharger dès
« maintenant et a toujours les dits seigneurs et habitants de
« l'entretien du dit chœur et cancel de la dite nouvelle
« église.

« Fait et arrêté en la dite assemblée au dit hôtel, les dits
« jours et an que dessus ».

Suivent les signatures de tous les personnages ci-dessus
désignés.

On s'était arrêté à la démolition de l'église Saint-
Etienne. On fit des plans... Le 10 février 1751 on se réunit
pour en délibérer.

Mais voici que se présente « Dom Vincent Courtin de
« Saint-Vincent tant en son nom qu'en qualité de fondé de
« procuration des Religieux composant la communauté du
« Prieuré de Reuil admettant le plan en forme de tour,
« demandant la démolition *totale* de l'église de Condé,
« s'opposant à la construction d'une chapelle au dit lieu,
« demandant la vente de deux cloches et s'opposant aux
« réparations portées sur le devis de M. Goin, touchant les
« murs, les lambris, la charpente et les toits de l'église de
« Saint-Denis pour le présent, attendu (pour ces susdites
« réparations de la susdite église Saint-Denis) que l'on a
« refusé de me donner communication de l'ordonnance de
« Monseigneur l'Intendant qui les autorise, ainsi que
« l'expert qui en a fait le devis, plus la réquisition des
« habitants ou échevins en conséquence de laquelle l'ordon-
« nance de Monseigneur l'Intendant aurait été donnée.

« Auxquelles réparations je ne me soumets à faire si le
« cas y échoit, qu'avec clauses et conditions portées et
« énoncées dans notre acte capitulaire du 5 juillet 1750.

« D. COURTIN DE SAINT-VINCENT,

« Ce 24 Février 1751 ».

« Les choses mises en délibération, les propriétaires et
« habitants, au nombre de 44 voix contre 2 ont pris, choisi
« et admis le plan en forme de tour pour être exécuté
« conformément à son devis dont lecture a été faite.

« Et quand aux réparations à faire à la dite église
« paroissiale, à la charge des propriétaires et habitants, a
« été, par le Procureur fiscal de cette ville, baillage et
« barronie et chatellenye de la dite Ferté, dit qu'il ne donne
« aucun consentement aux réparations qu'au préalable le
« devis du sieur Goin n'ait été communiqué à M. le Marquis
« de Roye, seigneur Baron et Chatelain de cette ville et
« par les propriétaires et habitants a été proposé de les
« suspendre et remettre à un autre temps » (1).

Au mois d'août 1751 (15 août) réunion tumultueuse des
habitants.

Ils veulent quatre cloches.

Le 16 août, on décide que les deux cloches de Saint-
Etienne seront données à la fabrique Saint-Denys à certaines
conditions, comme de faire refondre la grosse cloche et de
fournir deux petites cloches à la chapelle qu'on veut faire à
Saint-Etienne de Condé.

Le lendemain 17 août, « Maitre Jean-Pierre Hattinguais,
« prêtre, curé de la paroisse Saint-Denis de La Ferté,
« bachelier en théologie, doyen rural de son canton, et les
« Marguilliers prirent connaissance des charges qu'on leur
« imposait. Ils les acceptèrent, et les cloches furent mises
« en leur possession ».

Le 18 juillet 1751 est présenté un devis estimatif de
4,471 livres pour la reconstruction de la tour (2).

Les moines de Reuil veulent bien accepter la *construction
de la tour*, mais non participer aux *frais du beffroi de
l'horloge et autres en dépendants* qui concernent les seuls
habitants.

L'assemblée demandait qu'il fut de nouveau délibéré sur
la démolition de l'ancienne église. Et tout le monde était
d'accord, encore une fois, pour accepter les termes de la
délibération du 5 juillet 1750.

Il est clair, par la lecture des délibérations, que les
habitants de La Ferté abandonnaient difficilement l'idée de
la démolition totale de l'église de Condé (3).

On ne s'entendait pas sur la nécessité des réparations à
faire à l'église Saint-Denis, la chapelle Saint-Jean était
dans le plus mauvais état ; on se trouva alors dans les mêmes

(1) D. 4, f. 22.
(2) D. 4, f. 24.
(3) D. 4, f. 23.

hésitations que celles que nous connaissons à l'heure actuelle. Oh ! qu'ils auraient bien fait de reconstruire alors une nouvelle église ! (1)

On ne sut prendre que de demi mesures.

La tour fut relevée ou restaurée en 1751 ou 1753 avec les pierres provenant de la démolition du clocher de Saint-Etienne, et pour l'intérieur, on se contenta, en 1774, de retoucher légèrement les murs et le plafond de la chapelle Saint-Jean, ce qui leur permit de reculer jusqu'à aujourd'hui l'heure de leur chute.

Ce fut un des derniers actes de l'administration de M. Hattingais.

Il démissionna, en effet, en 1777, et s'en alla mourir à Meaux, deux ans après.

Et maintenant que les moëllons du clocher de Saint-Etienne sont venus faire la couronne de la tour de l'église Saint-Denis, maintenant que, confondues ensemble, les pierres des deux monuments ne font plus qu'un seul sanctuaire, nous allons jeter sur les deux seules églises qui subsistent alors, Saint-Nicolas et Saint-Denis, un regard rempli de tristesse.

La première, en effet, ne tardera pas à disparaître, et la seconde va voir s'accomplir en elle les événements les plus étranges et les plus lamentables aux yeux de la Foi.

(1) F. 23

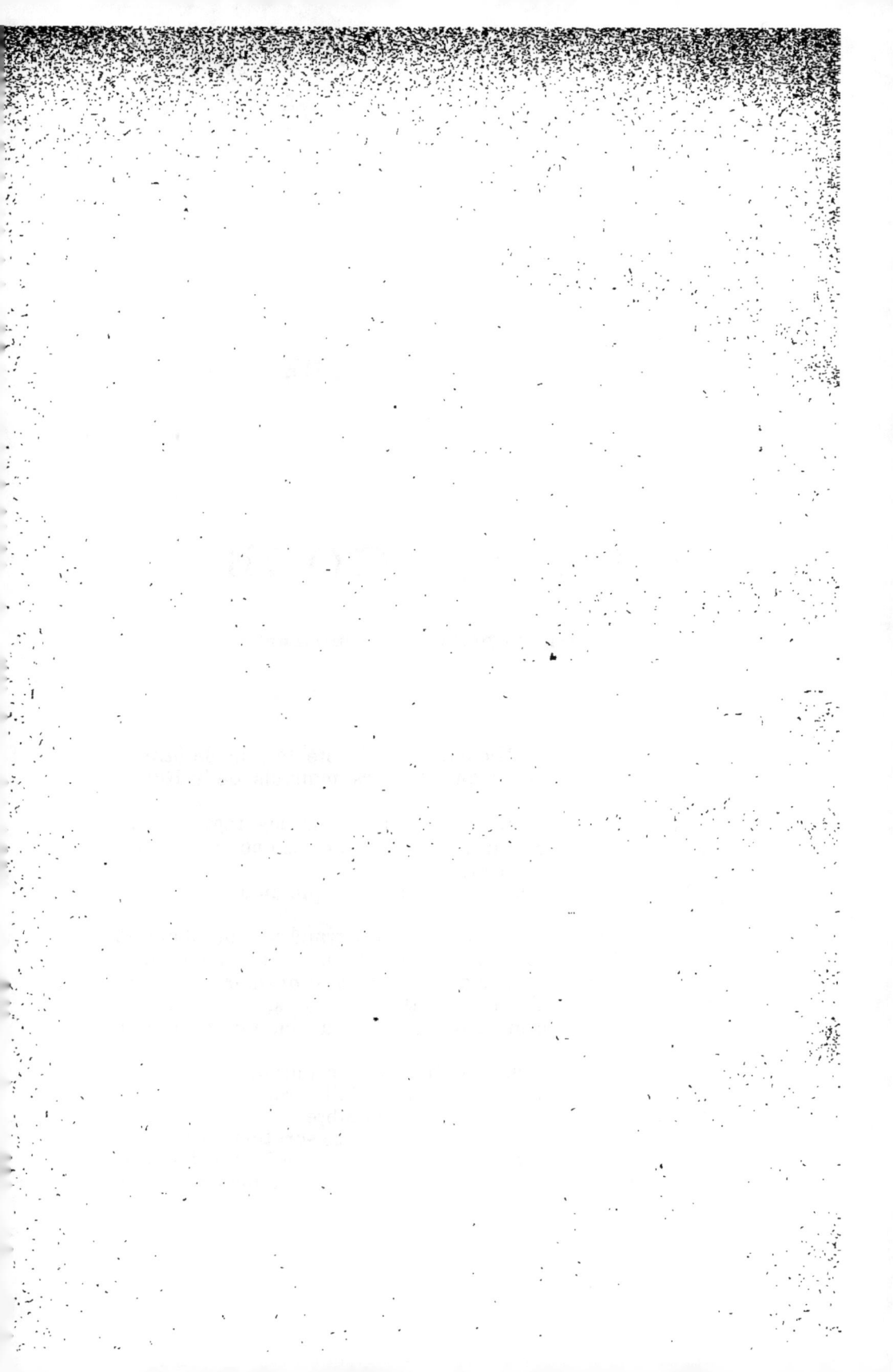

CHAPITRE DEUXIÈME

SAINT-NICOLAS

Pendant la Période Révolutionnaire

La paroisse Saint-Nicolas vécut à côté de celle de *Saint-Etienne-Saint-Denis* jusqu'aux jours mauvais de la Révolution Française.

Nous avons le regret de constater que les registres de cette paroisse ont disparu. Il y a eu, à cette époque néfaste tant d'actes de vandalisme !

Voici pourtant les renseignements que nous avons pu recueillir.

Il en fut de La Ferté comme d'un grand nombre d'autres localités. Il s'y révéla, chez beaucoup, un désir immodéré de parler. Où n'y eut-il pâs de clubs et des *orateurs* pour les animer de leur éloquence? Des réunions, des réunions encore... : à tout propos, le Conseil de la commune entrait en séance.

On conçoit la grande influence que purent prendre certaines personnalités insignifiantes d'ailleurs, mais que leur agitation réussit à faire sortir de l'ombre.

A cette époque, il y eut souvent des scrutins à La Ferté; tant de projets nouveaux étaient présentés! Dès 1790, les églises devinrent les lieux ordinaires des réunions publiques.

Il arriva même que des particuliers, à l'insu de l'autorité, vinrent établir leurs tribunes dans l'une ou l'autre église (1).

Hélas ! La religion avait déjà disparu des cœurs, le respect de la maison de Dieu s'en allait de même, il ne restait plus qu'une vague religiosité qui ne devait arrêter aucun sacrilège.

C'est ainsi que nous constatons des scrutins publics pour nommer des délégués, dans l'Eglise Saint-Etienne.

Saint-Nicolas eut les siens; notamment le 31 janvier et le 1er février 1790.

En 1791, en conséquence du décret de l'Assemblée Narionale, on demanda aux prêtres un serment.

Le Prieur, curé de Saint-Nicolas, comme le curé de Saint-Etienne-Saint-Denis, ainsi que nous le dirons bientôt, se soumit à une certaine partie de ces exigences et prêta le serment, (non celui qui était demandé), dans les termes qu'on va lire. « Le Conseil général de la commune s'était « rendu à l'Eglise paroissiale de Saint-Nicolas à l'issue de la « messe, et M. Chébœuf, curé de cette paroisse, étant à « l'Hotel (sic) a prêté, en présence du Conseil général de la « Commune, son serment ainsi qu'il suit :

« Serment fait par moi, Prieur et Curé soussigné, de la « Paroisse de Saint-Nicolas de La Ferté-sous-Jouarre, à « l'issue de la messe paroissiale, en présence de Messieurs « les officiers municipaux de la dite ville, le six février 1791.

« Je jure de veiller avec soin sur les fidèles qui me sont « confiés, d'être fidèle à la Nation, à la loi et au roi, et de « maintenir de tout mon pouvoir, sans manquer à ce que je « dois à Dieu et à la Religion, la Constitution décrétée par « l'Assemblée Nationale et acceptée par le Roi. Chebœuf, « prieur et curé (2).

Serment *inutile* vraiment, parce que le prêtre a promis à Dieu avant de le promettre aux hommes de veiller sur les fidèles confiés à ses soins.

Serment *injurieux!* pourquoi plus que les autres, le prêtre était-il mis dans l'obligation d'affirmer son dévouement à la Patrie, sa fidélité aux lois de son pays, au Roi? en doutait-on?... deviendrait-on un être dangereux parce qu'on est prêtre ?

Est-ce dans le Clergé qu'on trouve les ennemis des

(1) D. G. f. 112.

(2) L'original se trouve aux archives de l'Hôtel de Ville.

Constitutions que la France se donne? Les révolutions n'ont pas manqué chez nous, je n'en vois aucune qui ait été faite par le Clergé, ou qui lui ait profité.

Mais, si ce serment n'était pas demandé dans un esprit d'hostilité et si tous les citoyens devaient chacun prêter serment de fidélité à leurs devoirs d'état, à la loi, au Roi, nous ne voyons pas pourquoi le Clergé n'aurait pas fait cette promesse, c'était son devoir et son droit tout à la fois.

Dans ce serment que nous venons de reproduire, nous ne voyons pas encore le caractère schismatique de celui que prêtèrent bientôt les ecclésiastiques que l'on appela les *prêtres jureurs*.

Voici ce que nous lisons dans la vie de M. Emery :

« Pour bien apprécier cette décision alors généralement « suivie, il est important de remarquer que, à l'époque dont « il s'agit, la constitution civile du clergé, qui excita bientôt « après de si vives réclamations, n'avait pas encore force de « loi. Elle était, il est vrai, décrétée par l'Assemblée, mais « le Roi n'avait pas encore donné sa sanction et l'on pou- « vait espérer qu'il la refuserait. Le serment prêté à l'époque « de la Fédération avait donc uniquement pour objet la « *fidélité à la Constitution dans l'ordre civil et politique* et « dans tout ce qui ne répugnait pas à la conscience.

« C'est ainsi que s'en était expliqué M. de Bonal, évêque « de Clermont, dans la séance du 9 juillet, et la plupart des « évêques et des prêtres qui étaient présents avaient adhéré « à sa déclaration. Mais à la tournure que prenaient les « événements, il n'était pas difficile de prévoir que la Révo- « lution irait plus loin.

« En effet, l'Assemblée constituante, impatiente des len- « teurs que mettait le gouvernement à exécuter la constitu- « tion civile du clergé qu'elle avait votée, porta le 27 novem- « bre un décret qui obligeait tous les évêques, les curés... à « prêter dans le délai de huit jours le serment à la nouvelle « Constitution sous peine d'être privés de leurs emplois... Et « le 26 décembre, le Roi avait donné sa sanction... » (1).

Bon nombre d'ecclésiastiques en face des actes schisma- tiques qu'on exigeait d'eux résignèrent leurs bénéfices.

Le curé de Saint-Nicolas fut de ce nombre.

Il venait a peine de prêter le serment cité plus haut, que

_____

(1) Vie de M. Emery, t. 3 p. 250.

déjà autour de lui, on se livrait aux actes les plus répréhensibles.

Il ne s'agissait de rien moins que de la *suppression*, faite en dehors de l'autorité compétente de sa paroisse.

Du district de Meaux, on pressait l'exécution de la Constitution civile du Clergé :

« Le 3 mai 1791, sur de nouvelles instances et conformé-
« ment à la délibération de l'Assemblée directoriale du dis-
« trict, on proposa une nouvelle formation et circonscrip-
« tion de la paroisse de La Ferté.

« Six commissaires furent nommés : MM. Cardet, Gau-
« daillier, Cottereau, pour la partie droite, Volle, Lavechin,
« Velu, pour la partie gauche, avec mission de faire un rap-
« port quelques jours après ».

Comme s'il ne se doutait pas de la gravité de son acte contre l'Eglise, le conseil de la commune certifiait de ses sentiments religieux en demandant que l'on constatât au procès-verbal un acte de piété qu'il venait d'accomplir : *Un service funèbre pour Mirabeau.*

« Sur le réquisitoire de M. le Procureur de la commune,
« a été fait mention sur le présent registre, de l'assistance
« par le conseil général, au service qui a été célébré cejour-
« d'hui (3 mars), dix heures, en l'église paroissiale de la Saint-
« Etienne-Saint-Denis de cette ville pour le repos de l'âme
« de monsieur Mirabeau » (1).

Le rapport fut prêt au temps marqué :

« Ce jourd'hui dimanche, 8 mai 1791, issue des vêpres,
« le Conseil général de la Commune assemblé sous la pré-
« sidence de M. Fosseyeux pour l'absence de M. le maire.

« Ouï le rapport fait par messieurs les commissaires
« nommés par la délibération du trois de ce mois et les ren-
« seignements par eux pris sur la nouvelle formation et
« circonscription à faire de la paroisse de cette ville, il a été
« arrêté que cette circonscription serait projetée de la
« manière suivante, ce consentant, le procureur de la com-
« mune.

« Le prieuré-cure de Saint-Nicolas situé au centre de la
« ville n'ayant pour paroissiens que quelques habitants qui oc-
« cupent le château, sera réuni à l'autre paroisse sous
« l'invocation accoutumée de Saint-Etienne - Saint - Denis,
« laquelle sera conservée » (2).

(1) F. 138.
(2) D. 7, f. 113,

Cette délibératiòn prise, il fallait les approbations convenables. Elles n'arrivaient point. Nous voyons, en effet, au *20 janvier 1793* le Conseil en face de la même question (1).

« Sur l'envoi de ces délibérations au district et au département, l'administration a du arretter cette réunion de « concert avec l'Evêque et obtenir le décret de cette « réunion.

« Plusieurs fois le Conseil général a prié le département « de lui envoyer ce décret et singulièrement par ses lettres « des 2 juillet, 27 novembre 1791 et 18 janvier 1792. « L'administration n'a pas répondu. Il est à croire que le « district s'est cru autorisé à payer au Prieur-Curé non « conformiste et alors sans paroissiens la somme de « 2,400 livres au lieu de 600 livres accordées seulement aux « réfractaires par la loi du 18 février 1791 d'après celle du « 15 mai suivant.

« Et a proposé le procureur de la commune au Conseil « général de réitérer la demande de réunion.

« Le Conseil général considérant qu'aux termes du « décret concernant l'organisation civile du clergé, il ne « doit y avoir qu'une seule paroisse dans cette ville relati- « vement à la population.

« Considérant que le Prieuré-Cure de Saint-Nicolas qui « est dans l'enceinte de cette ville et qui n'a que quatre « âmes pour paroissiens, que l'ancien titulaire non asser- « menté du prieuré-cure de Saint-Nicolas ayant abandonné « son presbytère depuis le mois de septembre dernier, et, « enlevé tous les meubles et effets qui le garnissaient, les « vases sacres, ornements d'église, et que les bâtiments « doivent nécessairement dépérir faute d'être habités.

« Arrette qu'il sera fait de nouvelles instances auprès du « district et du département, pour prier les citoyens admi- « nistrateurs de solliciter de la Convention Nationale le « décret de réunion du prieuré-cure de Saint-Nicolas à la « cure de Saint-Etienne-Saint-Denis de cette ville, seule « conservée.

« Arrette en outre, que le district sera engagé à pour- « suivre incessamment la vente des maisons, bâtiments, « église et jardin du dit prieuré-cure d'après les soumissions « que le Conseil dit avoir été faites.

« Dix jours après, le 30 janvier 1793, le Conseil mettait

(1) D. 7, f. 113,

« en location provisoire le jardin du cy-devant prieuré de
« Saint-Nicolas pour le faire valoir et l'entretenir aussi
« longtemps qu'il ne sera pas vendu, à raison de vingt
« livres par an ».

Ainsi que nous venons de le voir, le prieur-curé quitta
La Ferté au mois de septembre 1792 (1).

Il n'y avait plus d'espoir d'arrêter sur la pente du
schisme la Fille aînée de l'Eglise, trompée cette fois encore
par quelques meneurs.

Est-il téméraire de penser que, par leur départ, les
prêtres fidèles aux règles de l'Eglise sauvèrent la foi du
peuple français ; leur sacrifice réveilla l'attention, et il fut
ensuite si facile de voir en ceux qui les remplacèrent, que
les certificats de civisme seuls ne font pas les vrais pas-
teurs, s'ils ne sont pas accompagnés du respect et de l'amour
de la hiérarchie établie par le Christ Jésus !

Au rétablissement du culte en France, l'église de Saint-
Nicolas ne fut pas rouverte comme paroisse.

Néanmoins, des relations que nous avons recueillies de
la bouche de plusieurs personnes, vénérables par leur âge,
nous permettent de croire que les offices religieux s'y
firent encore en certaines circonstances.

L'un d'eux nous disait avoir vu, dans sa jeunesse, une
si nombreuse assistance à la messe, que tous ne pouvaient pénétrer à l'intérieur ; « au lever-Dieu » tout ce
monde du dehors se mettait à genoux (2).

Nous tenons d'un autre de nos concitoyens (3), que sa
mère lui racontait avoir vu les Russes, pendant l'occupation
de 1815, faire leurs offices dans l'église Saint-Nicolas.

Au dire du premier des témoins que nous venons de
produire, l'église Saint-Nicolas avait à peu près 15 à 20
mètres de long sur 6 à 8 de large.

On le voit, c'était plutôt une chapelle qu'une véritable
église.

Vers 1830, elle fut entièrement transformée par M. Ver-
neuil.

A différentes reprises, des travaux exécutés sur les

(1) D. 7, f. 113.
(2) M. Velu.
(3) M. Monin, cons. municipal.

ruines de l'antique sanctuaire, firent découvrir des tombeaux. Une personne nous a dit avoir vu *un évêque* couché dans son cercueil ; c'était peut-être un abbé de Saint-Jean-des-Vignes, que la mort aurait saisi, pendant qu'il était, à La Ferté, chez les religieux de son Ordre, chargés de la cure de Saint-Nicolas.

Si l'on veut connaître exactement l'emplacement de l'église Saint-Nicolas, il se trouve au numéro 5 de la rue Saint-Nicolas.

On dit que des débris de gros murs sont les seuls témoins de l'emplacement de la paroisse secondaire de La Ferté.

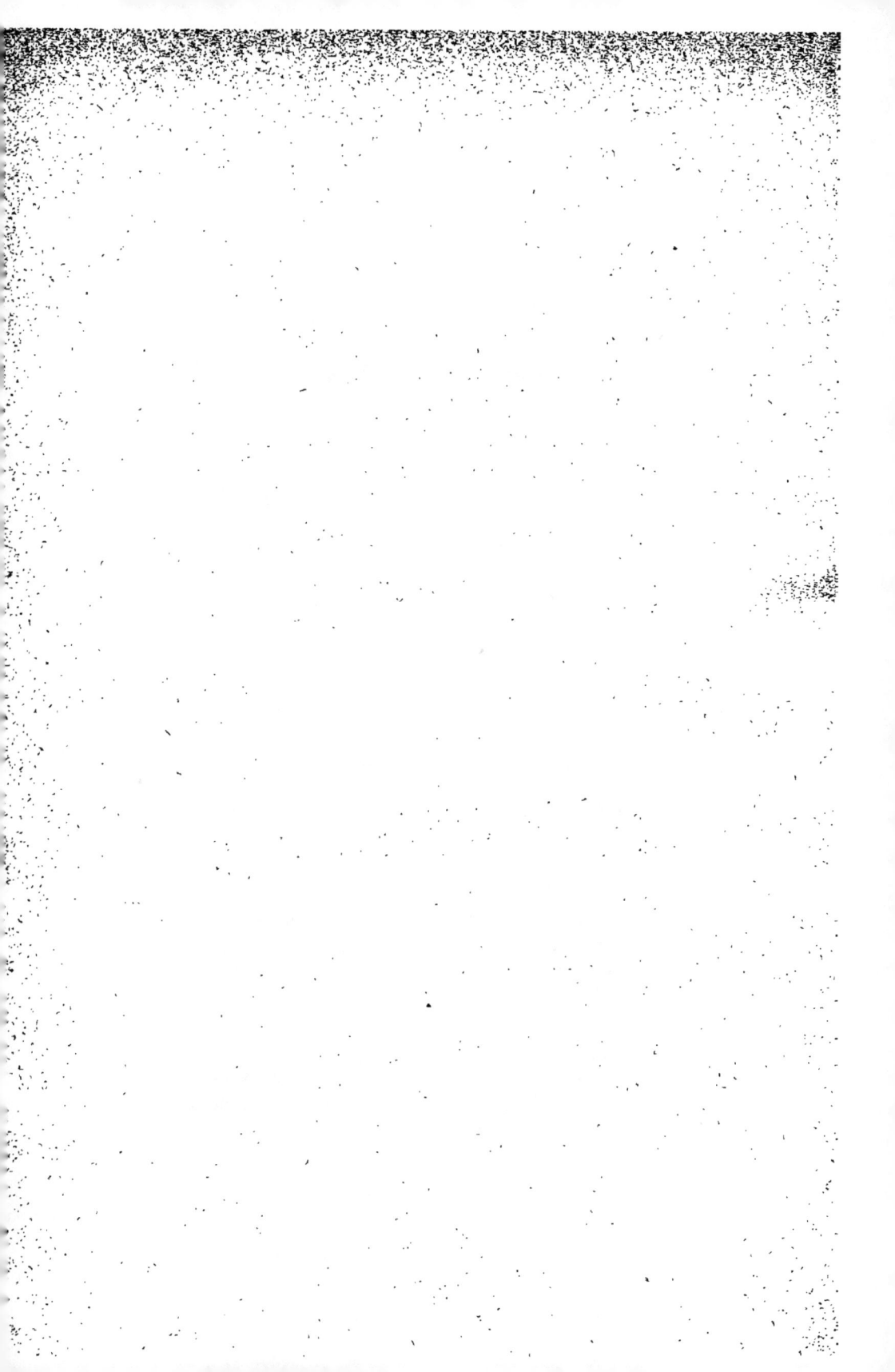

CHAPITRE TROISIÈME

~~~~~~~

Saint-Étienne-Saint-Denis

§ 1er. — Jusqu'à la constitution civile du Clergé

(JUILLET 1791)

En sa qualité d'Église paroissiale, et parce qu'elle était plus vaste, Saint-Étienne-Saint-Denis eut aussi plus de malheurs.

Monsieur Jean-François Héluis avait succédé à M. Hattingais, en 1777 (1).

Rien au début de son ministère n'indiquait qu'il était appelé à épuiser les plus grandes amertumes qui puissent inonder le cœur d'un bon prêtre.

En arrivant à La Ferté, il avait vu la population et l'administration municipale entièrement préoccupées de donner au culte le relief convenable, et dès 1778, il avait pu, avec le concours empressé de tous, doter la Paroisse de quatre cloches.

Le Seigneur de La Ferté donnait la plus grosse.

Le Seigneur de La Barre offrait la moyenne.

Le Corps municipal était parrain de la troisième.

Le Curé se faisait un plaisir de donner la quatrième.

« L'an mil sept cent soixante-dix-huit, le lundi 17 Août,

---

(1) Actes de décès de 1777. (Mairie). — Une note en marge dit : J'ai pris possession de la cure de La Ferté, le 29 Janvier 1777 — Signé Héluis.

« quatre heures après midi, en l'assemblée de ville convo-
« quée par billet d'invitation et à laquelle se sont trouvés le
« Maire, le Lieutenant du maire, les deux échevins, un
« assesseur, le Receveur et le Secrétaire-Greffier, tous sous-
« signés, se sont présentés maître Héluis, *curé,* et les sieurs
« Choquet et Gillet, marguilliers de la paroisse de cette ville ;
« lesquels sur ce qu'il s'agit de faire dans le commencement
« du mois prochain la bénédiction des quatre cloches de
« l'église de la Paroisse dont les marguilliers ont été autori-
« sés à faire faire la refonte et même l'augmentation de
« grosseur, sur les deniers de la Fabrique, ont invité le Corps
« municipal d'en présenter la troisième, la première devant
« l'être par M. le Duc de La Rochefoucauld. Seigneur de
« cette ville et madame la duchesse de Rohan Chabot, sa
« sœur, la seconde, par M. Courtin, d'Ussy, possédant deux
« fiefs dans l'étendue de la paroisse.
« Ce que les dits officiers municipaux ont accepté, autant
« qu'il est en eux, ne pouvant se conformer aux usages
« ordinaires dans de pareilles cérémonies, que de l'agré-
« ment de Mgr l'Intendant qui sera supplié de l'accorder,
« et ont, les dits sieurs curé et marguilliers, signé » (1).
Demeurant toujours en séance « les officiers munici-
« paux délibérant seuls et considérant que la nécessité
« qu'il y a de refondre les cloches et de les rendre plus
« fortes comme étant celles de la seule paroisse de la ville
« de laquelle dépendent plusieurs hameaux assez éloignés,
« ne pouvait qu'exiger une cotisation à la charge des
« habitants de la dite paroisse, qui de droit sont tenus de
« cette dépense, mais que la Fabrique se trouvant avoir
« quelques deniers comptans et étant dans le cas de pour-
« suivre le recouvrement de choses qui lui sont dues, avait
« été autorisée à faire toute cette dépense, pouvant se
« monter à *trois mille livres*, et que par là elle se trouverait
« privée des moyens de se procurer des linges, ornements
« et autres choses nécessaires dans une église et sujets à
« entretien assez couteux ; et que si ce n'eut été l'espérance
« de quelque présent de la part de M. le duc de La Roche-
« foucauld, de qui la générosité est déjà bien connue ainsi
« que des autres parrains qui ont été choisis pour la béné-
« diction des cloches, il aurait été absolument impossible
« à la Fabrique de se charger d'une dépense aussi forte, les

(1) Dup. 6,F. 23.

« dits officiers municipaux ont arrêté que Monseigneur
« l'Intendant sera supplié de les autoriser à employer des
« revenus de la ville une somme de 300 livres pour former
« *le présent* qu'à cause de l'usage le corps de la ville est
« dans le cas de faire à l'église lors de la bénédiction des
« cloches dont la troisième sera baptisée sur sa présen-
« tation, lequel don sera uniquement appliqué au profit de
« la Fabrique (1).

Les choses étant ainsi disposées, il n'y avait plus qu'à
procéder à la cérémonie.

Elle eut lieu deux mois après.

« L'an 1778, le douze octobre, on a fait la bénédiction de
« quatre cloches de la paroisse, la *première*, qui pèse
« 2,453 livres ou environ au lieu de 1,975 qu'elle pesait, a été
« nommée *Louise* par Très Haut, Très Puissant Seigneur
« Monseigneur Louis-Alexandre duc de La Rochefoucauld
« et de la Roche-Guyon, Pair de France, Prince de Marsillac,
« Barron Chatelain de La Ferté-au-Col, Chamigny et lieux
« en dépendance, lequel a été représenté par sieur Sébastien
« Claudin, conseiller du Roi, son assesseur, en l'hôtel
« commun de cette ville et conservateur des chasses de
« mon dit Seigneur.

« Et par Très Haute et Très Puissante Dame Elisabeth-
« Louise de La Rochefoucauld, duchesse de Rohan-Chabot,
« sœur de mon dit Seigneur et représentée par Dame Marie-
« Joseph-Céline Antheaume, épouse de M. Genée, seigneur
« des Tournelles, avocat au Parlement, bailli et lieutenant
« général de La Ferté.

« *La seconde*, qui pèse 1,725 livres au lieu de 1,425 livres
« qu'elle pesait, a été nommée *Henriette-Antoinette* par
« messire Antoine-Pierre de Courtin, Chevalier, Seigneur
« comte d'Ussy, Marcy, Tanqueux et autres lieux, ancien
« capitaine de cavalerie, chevalier de l'ordre royal et
« militaire de Saint-Louis, cy-devant capitaine-gouverneur
« et grand bailli de Meaux.

« Et par Dame Henriette-Claudine Fraist de Mauper-
« luis, épouse de messire Eléonore-Pierre de Courtin,
« chevalier, ancien capitaine de cavalerie, chevalier de
« l'ordre royal et militaire de Saint-Louis.

« *La troisième*, qui pèse 1,140 livres au lieu de 930 livres
« qu'elle pesait, a été nommée *Marie* par Messieurs les

(1) D. 6, f. 23.

« Officiers municipaux de cette ville. M. Cardet, maire,
« M. Despréaux, lieutenant de maire, MM. Lepreux et de
« Chevery, échevins, MM. Gueuvin et Claudin, assesseurs,
« M. Regnard, procureur du Roy, M. Couroy, greffier,
« M. Baron, receveur, et M. Remy, contrôleur.

« *La quatrième,* qui pèse 937 livres au lieu de 750 qu'elle
« pesait, a été nommée *Françoise* par nous Jean-François
« Héluis, curé soussigné.

« La dite bénédiction a été faite solennellement par
« nous curé d'après la permission à nous concédée par
« Monseigneur l'Évêque de Meaux, en date du 7 du présent
« mois » (1).

Les autorités de la ville signaient à leur manière l'acte
précité en prenant la délibération suivante :

« Ce jourd'hui douze octobre mil sept cent soixante-dix-
« huit, le corps municipal s'est assemblé à l'effet de nommer
« la troisième des qua're cloches de la paroisse Saint-Etienne-
« Saint-Denis de cette ville sur l'invitation qui lui en a été
« faite par MM. les Curés et Marguilliers de cette paroisse, et
« le corps s'est transporté en la dite église, a nommé la ditte
« cloche *Marie* et a fait présent à la fabrique en linge pour
« la somme de 300 livres en conséquence de la délibéra-
« tion du 17 août dernier ».

Nous sommes tout particulièrement heureux de montrer
par ces faits, les heureux résultats d'une bonne entente
entre ceux qui sont appelés à s'occuper, à un titre quelconque, des intérêts matériels ou religieux d'une population :
les forces se décuplent. et des difficultés qui paraissaient
insurmontables, s'applanissent comme d'elles-mêmes.

Trois ans après, il fallut recommencer cette cérémonie
pour la troisième cloche qui s'était cassée ; c'était la filleule
de la ville !

« L'an 1781, le 8 décembre, a été faite solennellement
« par nous curé-doyen soussigné, la bénédiction de la
« troisième cloche qui avait été fondue avec les trois autres
« et bénite ensemble le 12 d'octobre 1778. Elle pesait alors
« 1,140 livres, et ayant été cassée dans le courant de la
« présente année, elle a été refondue le 14 novembre à
« Orly, de ce diocèse, et, à son retour, nous l'avons trouvée
« pesant 1,150 livres, elle a été nommée *Marie* (nom qu'elle
« avait cy-devant) par MM. Cardet, maire, Despréaux,

(1) Registres de Paroisse à la mairie.

« lieutenant de mairie, Le Preux, de Cheverry, échevins,
« Gueuvin et Claudin, assesseurs, Regnard, procureur du
« Roy, baron receveur, et Remy, contrôleur, et MM. Bou-
« chon et Couesnon, marguilliers (1).

Le registre des délibérations du Conseil de La Ferté
nous ont conservé un acte émané, en grande partie, du
curé Héluis auquel s'étaient associés les personnages les
plus en vue de la ville : c'est une lettre adressée en 1788 au
duc de La Rochefoucauld !

Quels renseignements ! comme elle nous montre bien
que la Révolution était faite dans les esprits avant qu'elle
n'arrivât dans les faits.

Cette lettre n'est pas flatteuse pour notre ville. On nous
pardonnera pourtant de la donner, ne serait-ce que pour
porter nos contemporains à ne pas suivre les errements qui
ont de si lamentables conséquences.

Il n'y faut rien voir d'ailleurs, en ce qui concerne le curé
de La Ferté, autre chose que le témoignage des désirs
ardents qu'il avait de procurer le bien moral de ses ouailles,
et pour ses nombreux co-signataires le même désir de
rendre à la chère cité, un bon renom de moralité...

La Ferté-sous-Jouarre, 10 février 1788.

« Monsieur le Duc,

« Nous voudrions bien épargner à votre sensibilité le
« désagrément du récit des désordres qui règnent dans cette
« ville, occasionnés par l'exécution des ordonnances de
« police du Royaume. Il est notoire que la classe du peuple
« ne craint pas de les méconnaître, et croit qu'on peut impu-
« nément se livrer à tous ses goûts, sans craindre d'en être
« réprimandé par l'officier de police qui est sans doute trop
« tolérant. Il en résulte que la classe des ouvriers et journa-
« liers passent les dimanches et fêtes dans les cabarets,
« depuis le matin jusque bien avant dans la nuit ; les offices
« divins ne sont pas des obstacles à leurs débauches, les
« cabaretiers, avides de vendre, oublient qu'il leur est
« défendu de donner à boire aux habitants de l'endroit, pen-
« dant le service, et au-delà de huit heures du soir en hiver
« et de dix heures en été, et ne voyant jamais l'officier de
« police ils peuvent croire que les ordonnances sont abro-

(1) Registres paroissiaux (Mairie).

« gées ou tombées en désuétude. Cette inconduite des pères
« se transmet aux enfants qui s'assemblent et forment des
« bals, louent des salles et font durer ce plaisir jusque à plus
« de minuit, ensuite les garçons, après le bal fermé, entrent
« au café, boivent force liqueurs, de sorte qu'ils ne rentrent
« chez leurs pères que plusieurs heures après, la plupart
« ivres et ayant dépensé leur argent, cherchant querelles,
« et les rixes s'en suivent fréquemment. Si quelques habi-
« tants honnêtes et paisibles font la rencontre de ces débau-
« chés, ils sont insultés, et ils n'ont rien de mieux à faire
« que de prendre la fuite.

« Ici, monsieur le Duc, la jeunesse ne reconnaît ni père
« ni mère, ni curé ni magistrat pour supérieur : Il s'assem-
« blent le soir, vont au café, se promènent ensuite avec de
« gros bâtons terminés par une masse qu'ils cachent sous
« leurs grandes redingottes : les honnêtes gens ne passent
« auprès d'eux qu'en tremblant, aussi n'osent-ils sortir de
« chez eux, ou ils le ne font qu'avec beaucoup de crainte.
« Nous venons d'en avoir un exemple effrayant de férocité
« de ces coureurs de nuit, dans la personne d'un jeune
« homme de vingt ans, d'une très faible complexion, appar-
« tenant à un des premiers citoyens de cette ville qui, le
« Lundi Gras, en rentrant paisiblement chez son père et
« sortant d'un bal à 2 heures du matin, fut assailli à sa porte par
« deux ou trois quidams en redingottes, ayant caché dessous
« leurs redingottes de gros bâtons avec lesquels il lui assé-
« nèrent plusieurs coups sur la tête, le traînèrent par les
« cheveux dans un cul-de-sac pour l'achever, et où ils con-
« tinuaient de l'assassiner. Mais il eut encore le courage de
« crier : *on m'assassine!* Les voisins ouvrirent leurs portes
« et les assassins se sauvèrent. Le rapport des chirurgiens
« qui ont visité le blessé trouve qu'il l'est grièvement.

« Les plus à plaindre sont les femmes veuves ; elles gémis-
« sent en vain d'avoir des enfants sur le travail desquels
« elles comptaient pour subvenir à leurs besoins, mais ils
« dépensent le dimanche ce qu'ils ont gagné dans la
« semaine, elle sn'ont plus de ressources que dans la charité,
« aussi la plus grande misère règne-t-elle dans cette classe,
« et n'a pour cause que l'inconduite et la débauche, toujours
« suivies de corruption des mœurs et du mépris de la reli-
« gion. Cette ville est citée pour telle dans celles qui nous
« avoisinent. Il vous serait facile, monsieur le Duc, de remé-
« dier à tous ces maux en donnant une commission d'ins-

« pecteur de police, à M. Prévost, brigadier de la maré-
« chaussée qui est un honnête homme prudent, ferme et
« exact à ses devoirs.

« Subordonné à votre procureur fiscal, ainsi que cela est
« à Lagny et dans beaucoup d'endroits, il se transporterait
« et ferait son rapport à M. l'officier de police qui prendrait
« des conclusions, et le bon ordre et la tranquillité publique
« si nécessaire pour le bonheur de vos vasseaux seraient
« bientôt rétablis.

« Nous espérons, monsieur le Duc, que vous voudrez
« bien leur donner cette nouvelle marque de vos bontés.

> « Signatures : HÉLUIS, doyen-curé ; BOUILLON,
> « prieur ; SÉBASTIEN, vicaire ; CHARPEN-
> « TIER, vicaire ; DUBOIS-DESGLANDONS,
> « prêtre, et un grand nombre d'autres per-
> « sonnes notables ».

Le mal qu'un semblable état de choses entretenait et
développait tous les jours ne devait pas tarder longtemps à
devenir prédominant ; aussi tout allait-il rouler dans l'abime,
et la désagrégation des éléments sociaux se faire avec un
mouvement accéléré.

Nous touchons aux jours de la Révolution Française.

Il n'entre pas dans le plan de notre modeste travail de
redire tous les faits locaux de cette époque sinistre.

La Ferté fit « ses Doléances et Pétitions, pour être
« remises aux députés qui la représenteront à l'Assemblée
« générale des trois états du Châtelet de Paris. Nous n'y
« voyons, pour ce qui concerne la Religion, rien que de
« raisonnable ».

L'article 2 réclame « que la nomination aux emplois
« civils, *ecclésiastiques*, et militaires, soit commune aux
« trois ordres » ; et l'article 29 « que les bénéficiers soient
« tenus de résider dans le lieu de leur bénéfice et ne puissent
« en posséder qu'un » (1).

Tel était à La Ferté l'état des esprits. M. Héluis qui faisait partie « des ci-devant privilégiés » ne fut plus inquiété
dans la possession de son bénéfice (1).

Mais il va sentir le fardeau que lui impose son titre de
« Doyen rural » (2).

(1) D. 6, f. 76.
(2) D. 6, f. 78.

Si on lit attentivement l'histoire de cette époque, on est étonné de la patience du clergé, en face des exigences sans cesse grandissantes d'un peuple qui s'égarait.

C'était la mise en pratique des maximes du Maître qui ne veut *pas éteindre la mèche qui brûle encore*, en attendant l'heure de l'échafaud ou des pontons.

M. Héluis n'eut pas longtemps à attendre pour donner, à l'exemple de tant d'évêques et de personnages ecclésiastiques les plus en vue, un témoignage de sa condescendance pastorale.

On s'emparait peu à peu des églises.

Le 27 janvier 1790, en vertu des décrets émanés du Roi, on procédait à l'élection de conseillers municipaux ; c'est au son des cloches et de la caisse que l'assemblée a lieu.

« Et ce, dans l'église paroissiale de Saint-Étienne et
« Saint-Denis de cette ville, attendu que l'Hôtel commun
« est trop petit, et les citoyens réunis, le corps municipal a
« fait choix de M. Héluis, curé doyen de cette paroisse pour
« annoncer le sujet de l'Assemblée, ce qu'il a fait » (1).

Le lendemain 28 janvier, l'Assemblée pour différents votes, dure depuis 9 heures du matin jusqu'à 7 heures du soir, toujours « en l'Eglise paroissiale de cette ville » (2).

Le 29, c'est encore la même chose (3).

Le 20 Février, il fallait lire au prône de la messe paroissiale, les décrets de convocation des assemblées primaires. (4)

Le 29 juin 1790, les biens de la Cure de Saint-Etienne-Saint-Denis sont mis en vente :

Il est décidé qu'ils seront acquis par la municipalité.

On le voit, la spoliation se faisait pas à pas (5).

« M. Fossoyeux a exposé qu'il existe : 1° Dans le terri-
« toire de cette municipalité des biens dependants de la
« Cure de Saint-Etienne et Saint-Denis de cette ville, du
« Prieuré-Cure de Saint-Nicolas, du Prieuré de Grand-
« champ, des moines, prieuré et abbaye Detreloup, Raroy,
« Reuil, Sept-Sorts et Chaáge (6).

« 2° Dans le territoire de la municipalité de Reuil des
« biens dépendants des prieuré et monastère de Reuil.

(1) D. 6, f. 89.
(2) D. 6, f. 90.
(3) D. 6, f. 100.
(4) D. 6, f. 104.
(5) D. 6, f. 110.
(6) D. 6, f. 110,

« 3° Dans les territoires des municipalités de Chamigny,
« Sainte-Haulde et Luzancy, des biens dépendants des
« prieuré et monastère de Reuil.

 « 4° Dans le territoire de la municipalité de Chamigny,
« des biens dépendants des prieurés de la Magdeleine de
« Rouget et de Vaux et des prieuré et monastère de Reuil.

 « 5° Dans le territoire de la municipalité d'Ussy, des
« biens dépendants de l'Abbaye de Jouarre, Chapitre de
« Meaux, Chapitre de Gèvres, l'Abbaye de Lompont, cure
« d'Ussy, l'Archevêché de Paris et la Chapelle Detreloup.

 « 6° Dans le territoire de la municipalité de Sept-Sorts,
« des biens dépendants du Prieuré de Sept-Sorts, de l'Arche-
« vêché de Paris, et des bénéficiers de Jouarre.

 « 7° Et dans le territoire de la municipalité de Grand-
« champ et municipalités voisines telles que Tancrou etc.,
« des biens dépendants du Prieuré de Grandchamp et du
« Prieuré de Reuil.

 « Qu'il ne pourrait être que très avantageux à la com-
« mune de faire l'acquisition de ces biens aux prix et
« conditions stipulés dans le décret de l'Assemblée Nationale
« du 14 mai dernier.

 « Il a été résolu et arrêté d'une voix unanime que le
« Corps municipal serait autorisé à faire au nom de la com-
« mune la soumission d'acquérir les biens dont est question.

 Au milieu de l'entraînement, véritablement extraordinaire, qui emporta toutes les classes de la société vers les
nouveautés les plus dangereuses, nous aimons à constater
que, pendant cette première période de la Révolution, la
note dominante des dispositions de la population et de
l'administration locale fut un grand respect pour la Religion, en dépit de certains abus; on tenait à l'associer aux
grandes manifestations qui se firent alors, notamment à
la fête de la Fédération.

Fête de la Fédération 1790

 « Ce jourd'huy samedi 10 juillet 1790, six heures du
« soir à l'assemblée du corps municipal convoqué en la
« manière accoutumée, et présidée par M. le Maire, à
« l'effet de délibérer sur les mesures et dispositions néces-
« saires et convenables à la célébration, en cette ville, de
« la fête patriotique, fixée dans tout le royaume au 14 de ce
« mois, par union à la confédération nationale qui aura
« lieu à Paris le dit jour; ouï le procureur de la commune
« a été arrêté ce qui suit,

« La bénédiction du drapeau de la garde nationale de
« cette ville, le serment fédératif des citoyens de cette
« commune, du détachement du régiment de Royal-Bour-
« gogne qui s'y trouve et de la maréchaussée qui y est
« établie auront lieu et se feront mercredi prochain 14 de ce
« mois.

« A cet effet il sera dressé un autel au pied de la *croix*
« du patis de Condé. La garde nationale, le détachement de
« Royal-Bourgogne et la maréchaussée seront invités à se
« rendre en armes, le dit jour, huit heures et demie du
« matin, sur la place, devant l'autel (*sic*) de ville, les huit
« compagnies de la garde nationale garderont pour la
« marche leur rang accoutumé.

« A neuf heures, le clergé auquel il sera également fait
« invitation préalable, la municipalité, la garde nationale,
« le détachement de Bourgogne et la maréchaussée se ren-
« dront au patis de Condé où il sera *célébrée une messe haute*.
« Au moment de l'offertoire se fera la bénédiction du
« drapeau.

« A l'heure de midi, le maire prononcera le serment
« fédératif suivant la formule prescrite par le décret de
« l'assemblée nationale des 8 et 9 juin dernier, sanctionné
« par le Roi.

« Pendant la prononciation du serment, chacun lèvera
« la main et dira « je le jure », on chantera alors le
« *Te Deum*.

« Le clergé sera reconduit dans le même ordre. Il y aura
« illumination dans toute la ville, elle sera annoncée au son
de la caisse.

La veille de la fête de la Fédération, les anciennes
corporations qui possédaient des bannières furent invitées à
venir les déposer à l'église, pour y être conservées.

Désormais, *tous devaient s'incorporer dans la garde
nationale*.

Les archives municipales nous ont conservé le procès-
verbal du dépôt des antiques bannières.

« Ce jourd'hui 13 juillet 1790, quatre heures de relevé,
« le Conseil général assemblé sur l'invitation des corps
« d'arquebusiers, fusiliers, arquiers, à l'effet d'assister au
« dépôt de leurs drapeaux et guidons que, conformément
« au décret du douze juin dernier sanctionné par le Roy

(1) D. 6, f. 113.

« le dix-huit du même mois, ils désirent faire à la voute de
« l'église paroissiale de cette ville, pour y demeurer,
« consacré à l'union, à la concorde et à la paix, s'est
« transporté à l'église paroissiale de Saint-Etienne-Saint-
« Denis de cette ville, avec un détachement de la garde
« nationale, de la maréchaussée et de Royal-Bourgogne,
« invités aussi, à cet effet, par les mêmes corps, en présence
« du dit Conseil général et des dits détachements, le dépot
« à la voute de la dite église a été fait par les dits corps
« conformément au dit décret savoir :
   « 1° Par les arquebusiers, d'un drapeau au pilier tenant
« au sanctuaire du côté de l'épitre, d'un guidon à la poutre
« de traverse, au milieu du chœur ;
   « 2° Par les fusiliers, d'un drapeau au pilier, tenant au
« chœur du côté de l'évangile ;
   « 3° Par les arquiers, d'un drapeau et d'un guidon au
« pilier de la seconde arcade de droite et de gauche.
   « Et le dit dépot fait avec les cérémonies au cas requis.
   « Le dépot se fit » (1).
   Le programme, arrêté d'avance pour la fête de la Fédération, fut exécuté à la lettre :
   « Alors la marche pour la cérémonie du serment fédé-
« ratif fut ouverte. Le clergé, reçu à la principale porte de
« l'église paroissiale, précédait. Venaient ensuite le corps
« municipal et Messieurs les Notables, entre deux lignes de
« gardes nationales. Suivaient les différentes compagnies
« de la garde nationale, le drapeau non encore béni, était
« dans son étui, et le tambour battait. La marche était
« fermée par la maréchaussée et le détachement de Royal-
« Bourgogne en grande tenue, que suivaient tous les
« citoyens des deux sexes.
   « Arrivé dans le patis de Condé, la grand messe a été
« célébrée par M. le Curé-Doyen rural, sur l'autel de la
« patrie, préparé au pied du Calvaire.
   « A l'offertoire, M. le Doyen a fait un discours après
« lequel fut faite la bénédiction du drapeau, suivant l'usage
« pour cette cérémonie.
   « La messe finie, M. le Maire fit un discours, ensuite
« duquel, *midi sonnant*, il prononça le serment fédératif
« décrété par l'Assemblée Nationale, accepté par le Roi. Tous
« les citoyens des deux sexes, la garde nationale, officiers et

(1) D. 6, f. 114. — En 1792, ces bannières furent reprises et brûlées parce qu'elles
n'avaient pas les couleurs nationales.

« soldats, la maréchaussée, levèrent la main et dirent :
« Je le jure ». Le détachement du Royal-Bourgogne,
« officiers et soldats, prêtèrent ensuite le serment en pré-
« sence des officiers municipaux et toute la commune
« assemblée, conformément au décret concernant l'armée.

« Le *Te Deum* chanté, on se rendit à l'église paroissiale,
« drapeau déployé et tambour battant, dans l'ordre qu'on
« était parti.

Après l'*action de grâce*, on s'est transporté dans l'île où
« M. le Maire avait fait préparer un repas militaire. On y
« porta des santés à la Nation, à la Loi, au Roy, à l'Assem-
« blée nationale, à M. le Maire. *On se donna le baiser de*
« *paix* » (1).

Hélas ! la journée ne finit pas dans la paix, il y eut
bataille autour du drapeau, qui fut déchiré ! !

Comme nous l'avons raconté déjà du curé de Saint-
Nicolas, celui de Saint-Etienne prêta, dans les mêmes
conditions et à la même époque, un serment sur l'importance toute relative duquel nous nous sommes expliqués
précédemment.

Le serment n'avait été rigoureusement requis que des
députés et de l'armée : beaucoup de prêtres en témoignage
d'union de sentiments avec leurs paroissiens étaient allés
au-devant.

C'est ce que firent les deux curés de La Ferté avec les
deux vicaires.

« Ce jourd'hui, jeudi 3 février 1791, cinq heures de
« relevée, sont comparus au greffe de la municipalité de la
« ville de La Ferté-sous-Jouarre, messieurs Jean-François
« Héluis, curé de la paroisse Saint-Etienne et Saint-Denis
« de cette ville, Nicolas Cheboeuf, prieur et curé de la
« paroisse de Saint-Nicolas de cette ville, Victor Sébastien
« et Jean-Louis-François Charpentier, tous deux vicaires
« de la dite paroisse de Saint-Etienne et Saint-Denis.

« Lesquels ont déclaré que leur intention est de prêter,
« dimanche prochain, leur serment et qu'à cet effet, ils se
« concerteront sur l'heure de la prestation de ce serment,
« avec Monsieur le Maire de cette ville » (2).

HÉLUIS,   CHEBOEUF,

SÉBASTIEN,   CHARPENTIER.

(1) D. 6, f. 115.
(2) D. 6, f. 132.

Il fut convenu que ce serait pour le dimanche suivant ; et, le 6 février, M. Héluis prononça le serment. dont voici la teneur :

« Je jure que je veillerai avec soin sur le troupeau qui
« m'a été confié ; que je serai fidèle à la Nation, à la Loi et
« au Roy, qu'attaché à mon devoir, je maintiendrai en ce
« qui est en mon pouvoir, sans manquer à ce que je dois à
« Dieu et à la Relligion, la Constitution décrétée par
« l'Assemblée Nationale et acceptée par le Roi.

« Héluis, curé ».

Le même jour, les vicaires prêtèrent aussi serment en ces termes pendant la messe :

« Messieurs,

« Je jure de remplir avec soin mes fonctions, d'être
« fidèle à la Nation, à la Loi, au Roi, de maintenir de tout
« mon pouvoir, sans manquer à ce que je dois à Dieu, à la
« Religion, la Constitution décrétée par l'Assemblée
« Nationale et sanctionnée par le Roi.

« Charpentier, vicaire ».

« J'ai prêté le même serment.

« Sébastien ».

Rien de plus extraordinaire que les prétentions des conseils municipaux à cette époque. Nous en avons un remarquable exemple dans cette délibération qui ne tendait qu'au bouleversement complet des paroisses du canton.

« La paroisse de Reuil dont le clocher est distant de
« celui de cette ville d'environ un quart de lieue ne compte
« que 500 âmes, cette paroisse sera divisée entre celle de
« La Ferté et celle de Luzancy ainsi qu'il suit : (1)

Réunion à La Ferté	Distance de La Ferté
Reuil	1/4 de lieue
Fontaine-Cerise composé de quatre maisons dont une était de la paroisse de Reuil, le surplus, de la paroisse de La Ferté.	
Tarterel	1/2 lieue
	1/2 lieue

Réunion à Luzancy

Le Tillet, Cornevent, La Charbonnière, Laulnoy, les

(1) D. 6, f. 138.

Poupelins. Ces cinq hameaux étant plus à la proximité et convenance de Luzancy.

M. Héluis et ses vicaires ne tardèrent pas à voir que l'acceptation de la *constitution civile du clergé* était le but poursuivi en première ligne par les meneurs de la Révolution : leur condescendance ou leurs avances furent comptées pour rien. Ils avaient donné beaucoup déjà, on leur demanda encore davantage.

Mis en demeure d'incliner leur conscience devant des exigences que réprouvait l'Eglise, ils rejetèrent l'abominable doctrine de Bailli, maire de Paris, « quand la loi parle, la « conscience doit se taire » ; ils donnèrent la préférence à la conscience, et ne voulurent point accepter qu'il y eut incompatibilité absolue entre le Patriotisme et la Religion.

La Ferté fut, le 24 juin, témoin d'un événement qui devait avoir une grande influence sur la marche des choses : c'est du retour de Louis XVI, de Varennes, que nous voulons parler.

Le Conseil général de la commune venait d'assister en corps à une *cérémonie religieuse* quand elle dut s'occuper d'urgence des mesures à prendre en cette grave occurrence.

« Ce jourd'hui, 23 juin 1791, heure de midi, le Conseil « général de la commune, assemblé au retour de la procession « du Saint-Sacrement, ayant pris lecture d'un décret « de l'Assemblée nationale de ce jour, qui a été communiqué « par messieurs La Tour-Maubourg, Pétion et Barnave, « commissaires de l'Assemblée nationale, à la députation « de la municipalité qui leur avait été faite, a arrêté que « conformément au dit décret et aux ordres qui lui ont été « donnés par Messieurs les Commissaires, ils invitent tous « les citoyens de cette ville et étrangers y étant, à garder « lors du passage du Roi dans cette ville, la plus grande « tranquillité et à conserver le respect que tout bon Français « doit à la Majesté et à la famille royale » (1).

Quelques jours après, 14 juillet 1791, on célébrait la fête de la Fédération dans le même ordre que l'année précédente, avec cette seule différence, qu'après l'action de grâce on avait allumé un *feu de joie sur la place* (2).

(1) D. 7, f. 3.
(2) D. 7, f. 6.

§ 2° L'ÉTABLISSEMENT DU CULTE SCHISMATIQUE

Les élections ecclésiastiques s'étaient faites conformément aux dispositions de la schismatique *Constitution civile du Clergé*, et un nommé Barbier avait été choisi pour curé de La Ferté.

Bien triste, M. Héluis céda la place à l'intrus, non pourtant sans avoir eu à dresser un inventaire (1) des objets qu'il laissait au presbytère.

« Ce jourd'hui, vendredi 22 Juillet 1791, six heures du
« soir, le Corps municipal assemblé sous la présidence de
« M. Fossoyeux : l'un des messieurs a dit que M. Barbier,
« curé nommé de la paroisse de cette ville venait, diman-
« che prochain, prendre possession de son bénéfice, et rem-
« placer M. Héluis dans les fonctions ecclésiastiques. Il est
« nécessaire qu'avant l'installation de M. Barbier et la re-
« traite de M. Héluis, il soit fait de la maison presbytérale,
« inventaire des titres et des objets qui s'y trouvent, appar-
« tenant soit à la Commune, soit à la Cure, soit à la Fabri-
« que, ou qui les intéresse, de même qu'une visite des bâti-
« ments de la maison du presbytère qui appartient à la com-
« munauté. Inventaire et visite que demande même
« M. Héluis pour sa décharge.

On n'a pas conservé la minute de cet inventaire, nous le regrettons.

Mais voici l'acte qui établit la situation schismatique du prêtre égaré qui, sans mission, s'ingérait dans l'exercice des fonctions sacrées ; le district de Meaux, si bien composé qu'il fut, pouvait-il dire avec autorité ; *je vous envoie comme moi-même j'ai été envoyé ?*

« Ce jourd'hui, Dimanche 24 Juillet 1791, issue de la
« messe paroissiale, le Conseil général de la Commune,
« assemblé sous la présidence de M. Fossoyeux : a été
« rédigé le procès-verbal qui suit, qui a eu lieu ce dit
« jourd'hui lors de la prise de possession par M. Barbier, de
« la cure de cette ville.

« M. Barbier, prêtre, s'étant présenté hier à MM. les
« Officiers municipaux assemblés en l'Hôtel commun, a
« déposé sur le Bureau, l'acte de son élection à la Cure de
« cette ville, par messieurs les électeurs du district dans
« leur assemblée du 10 de ce mois, et celui de son institu-

(1) D. 7. f. 7.

« tion canonique par M. l'Evêque du département de Seine-
« et-Marne, séant à Meaux, en date du 14 de ce même
« mois, et a fait part de l'intention ou il était de prendre le
« lendemain possession de la cure Saint-Etienne et Saint-
« Denis, seule conservée pour cette ville.

« En conséquence, l'Assemblée du Conseil général a été
« délibérée pour ce jourd'huy, neuf heures du matin, et
« avertissement a été donné à un détachement de la Garde
« Nationale, de se rendre à la même heure, sous les armes,
« sur la grande place.

« Et ce même jourd'huy, neuf heures du matin, les mem-
« bres composant le Conseil général assemblé, ayant au
« milieu d'eux M. Barbier, Curé, se sont rendus de la mai-
« son commune, entre deux haies de la Garde Nationale en
« armes, tambour battant, à l'Eglise paroissiale de Saint-
« Etienne-Saint-Denis, de cette ville.

« Monsieur Barbier a prononcé un discours analogue à
« la circonstance, et, en présence des Officiers municipaux,
« du Peuple et du Clergé, a prêté le serment solennel de
« veiller avec soin sur les fidèles de la paroisse qui lui est
« confiée, d'être fidèle à la nation, à la loi et au Roi. et de
« maintenir de tout son pouvoir la Constitution decretée par
« l'Assemblée nationale, acceptée par le Roi et ce en exé-
« cution des décrets de l'Assemblée nationale du 12 Juillet
« 1790 *sur la Constitution civile du Clergé*, acceptée et sanc-
« tionnée par le Roi, le 24 Août de la même année, publiée
« en cette ville et enregistrée au greffe de la municipalité le
« 24 Novembre dernier (1790).

« Ensuite la messe paroissiale a été celebrée par
« M. Barbier, procès-verbal de la prestation de serment du
« nouveau pasteur a été écrit sur le registre particulier à ce
« destiné étant à l'Eglise paroissiale, conformément au dé-
« cret du 12 Juillet 1790.

« Les membres du Conseil général, M. le Curé dans le
« même ordre qu'ils étaient allés à l'Eglise, sont revenus à
« l'Hôtel commun, au milieu de la Garde Nationale, où a
« été dressé le présent acte qui a été signé par M. Barbier,
« etc. » (1).

Bientôt, le 9 Octobre 1791, Barbier eut l'occasion de
montrer son zèle.

C'était la proclamation de la Constitution.

(1) D. 7, f. 20.

Voici la part que prit à cette solennité le nouveau Curé constitutionnel.

« Le Conseil général, MM. les électeurs, M. Barbier,
« Curé, M. Potin, juge de paix du canton, toujours précédés
« et suivis de la Garde Nationale et marchant entre deux
« haies de gardes nationaux, est entré *dans l'église parois-*
« *siale*. Après les vêpres, M. Barbier, curé, a fait un dis-
« cours relatif à la cérémonie ; le *Te Deum* a été chanté en
« action de grâces. De retour sur la place, le Conseil géné-
« ral, MM. les Electeurs et M. le Curé, M. Potin, juge de
« paix ont, au bruit des instruments militaires et des cloches,
« et précédés et suivis de la Garde Nationale, allumé le feu ;
« fut faite à cet instant une salve d'artillerie et toute la ville
« a retenti des cris de *Vive la Nation, Vive la Loi, Vive le*
« *Roi* » (1).

Fidèles aux exemples reçus, les vicaires de M. Héluis,
MM. Sébastien et Charpentier avaient préféré aux faveurs
des puissants du jour l'accomplissement du devoir ; ils
avaient abandonné la paroisse où ils exerçaient le saint ministère depuis de longues années.

Aussi M. Barbier avait-il dû se chercher de nouveaux
auxiliaires.

Il en trouva un, fin d'Octobre ; il fallut en référer à l'Hôtel-de-Ville.

« Ce jourd'hui, 30 Octobre 1791, le Corps municipal
« assemblé :

« M. Barbier, curé de cette paroisse, a fait part à l'As-
« semblée qu'il avait choisi pour son vicaire, M. Copeau,
« prêtre, ordonné pour le diocèse, par M. l'Evêque du dépar-
« tement de Seine-et-Marne, et a invité l'Assemblée d'assis-
« ter à la prestation du serment que M. Copeau était dans
« l'intention de faire aujourd'hui pendant la grande messe
« paroissiale.

« Sur quoi l'Assemblée a unanimement arrêté sur ce,
« ouï le Procureur de la commune, qu'elle assisterait à la
« prestation du serment de M. Copeau, vicaire de cette pa-
« roisse.

« A l'instant, le son des cloches ayant annoncé que la
« messe allait commencer, MM. les Officiers municipaux,
« le Procureur de la commune et Messieurs les notables, se
« sont rendus à l'Eglise paroissiale.

(1) D. 7, f. 23.

« Avant de faire le prône. M. Copeau a prononcé en
« chaire le serment en ces termes : Je jure de remplir avec
« soin toutes mes fonctions, d'être fidèle à la Nation, à la
« Loi et au Roi, et de maintenir de tout mon pouvoir la
« Constitution décrétée par l'Assemblée nationale et accep-
« tée par le Roi » (1).

La messe finie, MM. les Officiers municipaux, M. le
Procureur de la Commune et MM. les Notables ayant au
milieu d'eux M. Copeau sont montés à l'hôtel où a été
dressé le présent procès-verbal et ont signé.

Il fallut attendre jusqu'à la fin de Décembre pour trouver
un second vicaire, qui, comme le premier, prêta serment
d'une aussi malheureuse manière :

« Le 25 Décembre, M. Barbier, curé de cette paroisse, a
« fait part à l'Assemblée qu'il avait choisi pour vicaire
« M. Wallon, prêtre ordonné pour le Diocèse, par M. l'Evê-
« que du département de Seine-et-Marne, et a invité l'As-
« semblée d'assister à la prestation du serment que
« M. Wallon était dans l'intention de faire aujourd'hui
« pendant la grand messe paroissiale.

« Sur quoi l'Assemblée a unanimement arrêté sur ce,
« ouï le Procureur de la Commune, qu'elle assisterait à la
« prestation de serment de M. Wallon, vicaire de cette
« paroisse.

« A neuf heures, le son des cloches ayant annoncé que la
« messe allait commencer, MM. les Officiers municipaux et
« M. le Procureur de la commune, revêtus de leurs écharpes
« se sont rendus à l'Eglise paroissiale de Saint-Etienne et
« Saint-Denis. Le prône fini, M. Wallon a prononcé en
« chaire le serment en ces termes : Je jure d'être fidèle à la
« Nation, à la Loi et au Roi, et de maintenir de tout mon
« pouvoir la *Constitution décrétée par l'Assemblée nationale*
« *et acceptée par le Roi.* »

SENTIMENT RELIGIEUX.

Arrêtons-nous un instant pour nous demander si la population se rendit compte de la portée irréligieuse de la *Constitution civile du Clergé.*

On pourrait en douter en voyant, pendant les années

(1) D. 7 f. 39.

1791, 1792 et même encore en 1793, les cérémonies religieuses s'accomplir comme par le passé.

Quelques âmes instruites par la conduite si digne du plus grand nombre des prêtres virent clair.

Mais la religion continuant d'être mêlée à tous les actes importants de la vie civile, n'est-il pas vraisemblable que la masse ne sut pas faire la distinction entre l'état ancien et le schisme nouveau.

Il est trop tard aujourd'hui pour consulter les traditions sur les dispositions des habitants de La Ferté vis-à-vis des prêtres fidèles.

Bien sûr, il se trouva nombre de personnes qui gardèrent intacte la fidélité à l'Eglise. Mais en France on a toujours un tel respect pour ce qui est officiel, que la plus grande somme de faveurs est pour les nouveaux prêtres qui accomplissent les cérémonies religieuses.

Oh ! les cérémonies ! On les mêle à tout à cette époque !

Pendant qu'aujourd'hui on les exclue systématiquement de tous les actes de la vie civile, de 1791 à 1793, on en abuse.

Qu'on se rappelle tout ce que nous venons de relater : ces installations de curé, ces prestations de serment des vicaires, ces fêtes de la Fédération !

Nous avons encore à enregistrer de nombreuses autres circonstances dans lesquelles se révèle un véritable esprit de foi.

C'est ainsi que l'avant-veille de Noel 1791, le Conseil de ville décide d'établir un corps de garde pour veiller au bon ordre à l'occasion de la messe de minuit (1).

Puis c'est la bénédiction d'un drapeau le 25 Mars 1792.

Le Maire y tint ce discours :

« Voici, messieurs, le drapeau que vous désirez depuis
« longtemps et *qu'un prêtre va bénir*. Il a tout ce qui doit
« flatter votre orgueil, il porte les couleurs que la Révolu-
« tion a consacrées, il porte la devise qui vous est chère
« *la liberté ou la mort*... Cette devise nous est commune,
« c'est le serment de tous les Français : *allons à l'autel*
« prendre ensemble et devant nos frères d'armes, l'engage-
« ment de ne jamais le trahir.

Puis le cortège se met en marche « au bruit d'une musi-
« que militaire, au lieu de la Fédération, au Champ de
« Mars, où *la messe a été célébrée sur un autel préparé*.

(1) D. 7, f. 39.

« A l'offertoire, M. Barbier, curé, après avoir fait un
« discours analogue à la cérémonie, a béni le drapeau » (1).

Le lendemain de cette cérémonie, le 26 Mars, eut lieu
un service pour le repos de l'âme de M. Simoneau, maire
d'Etampes, mort « en défendant la loi. »

Ce service *était demandé par la municipalité.*

Faut-il ajouter d'autres traits qui trahissent ce sentiment religieux si profondément ancré dans les âmes fran-
çaises, par quinze siècles de Christianisme ?

C'est la Procession du Saint-Sacrement (1792), à laquelle
le Conseil général de la commune assiste en corps, avec la
Garde nationale (2).

C'est la fête de la Fédération (1792), célébrée avec le
concours du Clergé. Il y a messe à l'autel de la Patrie et
« pendant la messe, M. le Curé fit un discours » (3).

On dresse un procès-verbal de la fête, que le Curé signe.

Il en est de même pour l'inauguration de l'arbre de la
liberté sur la place du Marché (4).

Enfin c'est la fête de l'Unité et de l'Indivisibilité (l'an 2
de la République, 11 Août 1793) (5).

Un autel au Dieu des armées a été élevé dans l'île. Il y
a messe. « *Le citoyen* Barbier prononça un discours ana-
« logue à la circonstance ; le tout est terminé par un
« *Te Deum* ».

Mais déjà on sent je ne sais quel vent de tristesse qui
passe sur l'âme en lisant ces choses.

C'est le cas de redire que si les corps y sont, le cœur n'y
est pas.

Il n'y a plus que la parodie des choses saintes ; maintenant va venir le sacrilège.

Les événements marchaient vite en 1793.

« En vertu d'une délibération du district de Meaux des
« visites domiciliaires avaient été organisées dans le canton
« de La Ferté.

Nous relevons deux articles de son arrêté.

« L'article 4 ordonne de faire exécuter la *loi sur la*
« *descente des cloches*, à l'exception d'*une* qui sera laissée

(1) D. 17, f. 54.
(2) D. 7, f. 61.
(3) D. 7, f. 68.
(4) D. 7, f. 65.
(5) D. 7, f. 143.

« dans chaque commune, et celles qui seront descendues
« seront mises sous la garde des municipalités, qui avance-
« ront les frais de descente, dont elles seront remboursées
« sur les quittances des ouvriers dûment certifiées.

« L'article 5 ordonne d'inventorier, faire peser et enlever
« l'argenterie qui pourra se trouver dans chaque église,
« sauf la réserve d'un calice, d'un ciboire, d'une custode
« et d'un ostensoir » (1).

On voit que, en haut lieu, on se chargeait de ramener
l'Eglise à la Pauvreté évangélique !

En passant, témoignons notre méprisante compassion
à ces pharisiens qui dans leurs demeures accumulent pour
la jouissance de leur bien chétive personne un luxe exagéré,
souvent peu en rapport avec leur fortune et ne peuvent
supporter que l'on fasse la moindre dépense sur les autels
de notre Dieu.

Il y a chez eux, quelque chose de ce juif, qui prononça la
fameuse parole *ut quid perditio hæc*, quand une femme vint
verser des parfums sur les pieds de J.-C., pourquoi cette
profusion. Ce Juif, c'était Judas le traitre.

Voici quel fut le résultat de la perquisition faite à l'église.

« Dans l'église paroissiale s'est trouvé :

« 1° Deux calices, avec les patènes, dont un vermeil ;
« 2° Deux burettes et un plat d'argent ;
« 3° Un petit ciboire ;
« 4° Un hostensoir (*sic*) vermeil ;
« 5° Une croix d'autel ;
« 6° Une couppe de confrairie.

« Le tout pesant dix-huit marcs deux onces, trois gros.

« Voilà des richesses qui ne pouvaient guère tenter la
« cupidité ! Mais. pour l'impiété, il est si bon de spolier
« ies églises ! » (2).

« A l'égard des quatre cloches existantes dans la tour de
« l'église paroissiale de cette ville, a arretté que *trois*
« seraient descendues, qu'en conséquence, ordre serait
« donné au citoyen Velu (3) chapentier, en cette ville, de faire
« incessamment cette descente, de présenter le mémoire

---

(1) D. 8, f. 26.

(2) D. 8, f. 28.

(3) Le petit-fils du dit sieur Velu nous a raconté que son aïeul avait reçu ordre de ne laisser au clocher que la deuxième cloche, mais que, à dessein, il avait laissé la plus grosse. On lui fit des reproches, alors il proposa de remonter la seconde cloche, mais on lui répondit : « ce qui est fait est fait ».

« des frais qu'elle occasionnera et que ces trois cloches
« seraient aussitôt envoyées au Directoire du District (1).

Et si maintenant l'on veut savoir dans quelles conditions
se trouvaient les membres du clergé dans la province, chez
nous, qu'on lise :

« Ce 21 brumaire (11 novembre 1793) an second
« de la République. Le citoyen Dubouchet, représentant du
« peuple, fait la motion de prendre parmi le conseil, ou dans
« les sociétés populaires, des membres qui se transporte-
« ront dans les communes du canton, pour prendre tous
« documents nécessaires sur les municipalités de cam-
« pagne, ainsi que *sur les curés et autres citoyens* qui peu-
« vent y exercer une influence quelconque de destituer et
« mettre en état d'arrestation *tous les curés* qui au mépris
« d'une loi formelle exerceraient les fonctions de maire, de
« procureur de commune ou de membre des municipa-
« lités » (2).

Au mois de brumaire (novembre 1793), an 2 de la
République, nous voyons M. Barbier s'associer à des
motions violentes contre le citoyen Houllier, ex-maire
destitué par le conventionnel Dubouchet.

Depuis son arrivée à La Ferté, il était au nombre *des
notables* associés en un grand nombre de circonstances,
aux délibérations du Conseil de la commune, c'est à ce
titre (3) que nous le voyons s'occuper du numérotage des
maisons. Est-ce pour arriver à découvrir plus facilement
les suspects ? Mais bientôt, (4) par remords ou honte, il
donne sa démission de notable ; n'avait-il pas à cette époque
brisé les derniers liens qui le retenaient encore à Dieu ?

« Ce jourd'hui décadi 10 frimaire, l'an second de la
« République, en la séance publique du Conseil permanent
« où étaient les citoyens Courtois ainé, Gillet, etc., etc.

« S'est présenté le citoyen Antoine-Alexandre Barbier,
« ci-devant prêtre et curé de cette commune, lequel a
« déclaré que quoique dévoué à la République une et indi-
« visible et déterminé à la servir dans toutes les circons-
« tances, il croyait devoir faire un nouveau sacrifice à la

(1) D. 8, f. 29.
(2) D. 8, f. 42.
(3) D. 6, f. 38.
(4) D. 6, f. 44.

« Patrie en priant ses collègues d'accepter sa démission de
« la place de notable à laquelle ses concitoyens l'avaient
« appelé depuis son séjour au milieu d'eux et a signé.

« BARBIER ».

Il n'y a plus à en douter, quoique nous n'ayons rien de
formel pour nous l'attester, c'en est fait de tout culte à La
Ferté : *l'église constitutionnelle* a donné sa mesure ! elle a
versé dans le crime. puis dans le ridicule, et elle a fait place,
à la plus extravagante invention des hommes, *au culte de
la Raison.*

Aussi ne faut il pas nous étonner des dispositions prises
par rapport à notre église. On fait de *la sacristie* (1) un *corps
de garde* : « Le Conseil général, ouï le procureur de la com-
« mune, a arrêté que le corps de garde serait établi dans le
« corps de bâtiment servant *autrefois* de sacristie, charge
« le procureur de la commune d'y faire les dispositions
« nécessaires ».

L'église, elle de son côté, est appelée le *temple de la
Raison.*

A l'occasion de la grande fête célébrée en France à
l'occasion de la reprise de Toulon (le 19 décembre 1793), le
Conseil général avait décidé de faire une distribution de
secours aux veuves indigentes qui ont des enfants aux
armées.

« Pour ce faire, on demande l'enlèvement des bancs qui
« se trouvent dans le *temple de la Raison.*

« Le Conseil, ouï l'agent national, a arrêté que les bancs
« seraient enlevés. que le dépôt en sera fait dans le local
« appelé la *chapelle Saint-Jean* » (2).

Nous trouvons la même attestation dans le récit d'une
fête, fort en honneur en ce temps-là. *Il y a plantation d'un
arbre de la Liberté.* Plusieurs, précédemment plantés, étaient
morts (3).

Cette fois il n'y a plus de cortège religieux ; « le chêne est
« planté au chant des hymnes chéris de la liberté et au son

---

(1) A cette époque, la sacristie était au chevet de l'église, donnant sur la place.

(2) D. 8, f. 71.

(3) En 1873, M. Jarry. curé-doyen, fit changer de place les confessionnaux qui se
trouvaient tous trois dans la chapelle Saint-Jean. Je me rappelle, étant vicaire à cette
époque. avoir lu sur les murs des inscriptions, fleurs immondes du corps de garde, je
les aurais transcrites si j'avais pu penser qu'un jour j'écrirais quelques pages de l'histoire de notre église, j'aurais conservé... mais m'eut-il été possible de les transcrire ?

« des instruments militaires : plusieurs discours *analogues*
« *à la cérémonie* furent prononcés.

« Le Conseil général se rendit ensuite au milieu d'un
« peuple immense qui avait assisté à cette auguste cérémo-
« nie, dans le *temple de la Raison* où il fut fait lecture de la
« circulaire du comité de salut public... sur les salpètres !...
Voilà l'objet du culte da la Raison ! !

Alors, que faisait le pauvre égaré qui avait cru pouvoir,
d'une si malencontreuse façon, accepter de remplir les fonctions sacerdotales ?

Il nous semble que nous ne nous trompons pas quand
nous croyons le reconnaître dans le Barbier (1), *Président
de la Société populaire*.

Or cette société était rattachée au Jacobins de Paris, et
en plusieurs circonstances, nous la voyons associée aux
plus violentes mesures. Aussi pouvons-nous le rendre res-
ponsable des mesures criminelles sollicitées par cette
société d'exaltés, et tout particulièrement des poursuites
acharnées, exercées contre les personnes qui avaient quitté
le pays.

C'est d'abord M. Humbert de Flégny, parent du Maire,
qui est dénoncé comme émigré. Il n'en était rien.

Il était en Suisse pour sa santé, avec un passeport régu-
lièrement délivré à Meaux. Il touchait même, au district, un
traitement à titre de « Cy-devant Prieur de Sept-Sorts et
de Beaulieu » (2).

Les instances dirigées contre lui finirent pourtant par le
faire mettre sur la liste des émigrés.

Il en fut de même du châtelain de La Barre, de M. de La
Rochefoucauld (3).

Puis, ce furent les prêtres qui avaient exercé le Saint
Ministère avant lui, et mieux que lui, le Prieur-curé de
Saint-Nicolas et les Vicaires, entre autres, M. Sébastien,
« prêtre ci-devant vicaire non assermenté », qui furent
également considérés comme émigrés (4).

A partir de Pluviôse, an II de la République, nous ne
voyons plus, dans les archives de la Ville, la trace de Barbier.

(1) D. 8, f. 85.
(2) D. 7, f. 72.
(3) D. 8 f, 38.
(4) M. Sébastien, après le Concordat, revint à La Ferté, où il exerça le saint ministère. Où s'était-il réfugié ?

Comme nous n'avons pas à faire son histoire, nous ne cherchons pas ce qu'il advint de lui. Nous savons qu'il quitta le pays sans pouvoir toutefois préciser l'année.

Mais la Société populaire dont il avait été le chef, après avoir puissamment contribué à doter La Ferté du *Culte de la Raison*, ne réussit pas moins à l'associer au triomphe de Robespierre, en célébrant, le 8 juin 1794, la fête de l'Etre Suprême (1).

« Ce jourd'hui vingt prairial, (1) (8 juin 1894) l'an II
« de la République française une et indivisible, huit
« heures et demie du matin, les membres du Conseil géné-
« ral permanent de la Commune se sont rendus à la maison
« commune : bientôt après sont entrés les citoyens, membres
« du comité de surveillance ; la garde nationale, sous les
« drapeaux, la gendarmerie, la société populaire, tous les
« citoyens s'étaient réunis sur la place publique. Alors sont
« descendus de la maison commune, le Conseil général, le
« Comité de surveillance un détachement de la garde pré-
« cédé d'une musique militaire, suivi de la gendarmerie, a
« ouvert la marche, venaient les vétérans ; à droite, était le
« Conseil général ; à gauche, le Comité de surveillance,
« entre deux haies de gardes nationales qui, se prolongeant,
« enveloppaient plusieurs groupes : le premier de membres
« de la société populaire, le second de vieillards, le troi-
« sième d'adolescents, le quatrième de citoyens de tous
« sexes et de tous âges confondus ; un fort détachement
« fermait la marche.

« Trois fois a été fait le tour de l'arbre de la Liberté ;
« des chansons, des hymnes ont été chantées en l'honneur
« de l'Etre suprême, en reconnaissance du bienfait de notre
« liberté ; des cris de joie se font entendre.

« *Arrivé au Temple*, le cortège se place, un peuple
« immense entoure la tribune, l'agent national y prononce
« un discours, il développe les motifs du Décret de la Con-
« vention, qui a proclamé l'existence de l'Etre suprême et
« l'immortalité de l'âme. Il expose les preuves politiques et
« morales de cette existence, de cette immortalité, et les
« raisons d'adorer cet Etre unique suprême qui veille sur
« les destinées des mortels ; il l'invoque et le peuple fait
« retentir la voûte du temple d'applaudissements réitérés.
« Les citoyens Pasquier aîné et *Brias* succèdent à la

(1) L'église a été encore témoin de cette fête.

« tribune ; d'excellents discours sur l'existence de la Divi-
« nité et les motifs d'honorer ses grandeurs sont prononcés
« par eux ; de nouveaux applaudissements partent de tous
« côtés : des hymnes, des cantiques sont chantés et des
« cris d'allégresse se renouvellent ».

Il est aisé de voir que le sentiment de la Divinité n'a
jamais cessé d'exister dans le cœur des citoyens de
La Ferté.

« Le cortège dirige ensuite sa marche vers le champ de
« la Victoire ; l'ordre règne, la joie est peinte sur tous les
« visages, la montagne couverte de citoyens présente un
« spectacle superbe, l'encens fume, de jeunes enfants
« adressent au ciel, les vœux des patriotes. Des chansons
« où respire l'amour de la patrie, remplissent l'air de sons
« mélodieux, la cime de la montagne est couverte de fleurs.
« Tous les citoyens n'ont plus qu'un cœur et qu'une âme
« qui se confondent dans le sentiment de l'immortalité et de
« la divinité.

« De retour à la maison commune, le Conseil général
« arrête que procès-verbal sera dressé de la célébration de
« cette fête auguste qui fera le tourment et la honte des
« hypocrites, athés prétendus qui, avec des intentions per-
« fides, voulaient une République sans vertu, une religion
« sans Dieu, Fête désirée par les bons citoyens, qui portera
« la consolation et la paix, dans les âmes pures et ver-
« tueuses en leur montrant un Dieu vengeur du crime ».

En transcrivant ce récit, nous éprouvons une amère
douleur, en pensant que les rhéteurs de la Terreur, avec
leurs mains sanglantes, n'étaient pas encore descendus au
dernier échelon de l'abaissement, où peut tomber une
créature douée de raison.

Il était réservé aux continuateurs de leur œuvre de
révolution et d'impiété, d'en arriver à la négation pratique
et même formelle de Dieu.

Quelle responsabilité encourent tous ceux qui fomentent
autour d'eux par leur scepticisme ou leurs railleries ces dispositions dans les âmes !

Nous avons rencontré dans la pièce précédente le nom
d'un personnage qui paraît s'être remué beaucoup à La Ferté,
à cette époque.

C'est le nommé Brias, maître d'école : la peur paraît
avoir été la source de son exaltation. Dans ces années
terribles, il est à côté des puissants pour lesquels il pérore ;

après la Révolution, nous le retrouverons encore maitre d'école et *clerc paroissial* jusqu'en 1818 : il y a parfois des conversions bien remarquables !

On a imprimé un de ses discours, qui a sa place ici, comme p èce historique ; la cérémonie en laquelle il a été prononcé, s'étant faite à l'église.

Discours funèbre du citoyen Maciest, fils, mort au champ de bataille le 15 juillet dans les vignes de Thouard ; prononcé par le citoyen Brias, maitre d'école de La Ferté-sous-Jouarre le 20 août 1793 second de la République une et indivisible dans l'église de la dite ville de la Ferté-sous-Jouarre.

Citoyens,

« Sous le règne des rois, les prétendus grands hommes,
« les plus cruels despotes, trouvaient des orateurs flateurs
« pour faire le panégyrique de leurs vertus, mais n'en trou-
« vaient pas d'assez hardis pour faire ceux de leurs vices.
« Un orateur chargé de faire l'oraison funèbre d'un général
« d'armée vantait les exploits du défunt, mais ne parlait
« point des cruautés qu'il exerçoit souvent sur ces respec-
« tables soldats victimes de ses caprices, il venait mentir à
« la face des autels. Gagnait-il une batailille ? il la rapportait
« à son prétendu héros, et le soldat, ce malheureux, qui
« souvent avait lui seul, et à l'absence du général, battu
« l'ennemi et gagné la bataille, était mis dans l'éternel oubli
« Mais aujourd'hui, Citoyens, chacun a droit à la recon-
« naissance de la Patrie et ce serait blesser l'égalité, que de
« ne parler que des généraux, et passer sous silence ces
« généreux soldats, dont les uns quittent père et mère, d'au-
« tres leurs femmes et leurs enfants, par amour seul de la
« Patrie.

« C'est ce qu'a fait le jeune homme dont j'ai entrepris de
« vanter le courage.

« Jean-Louis Maciest, né au milieu de vous de parents
« pauvres, mais honnêtes, était d'un caractère doux et tran-
« quille ; il avait survécu à deux de ses frères moissonnés à
« la fleur de leur âge, et il restait seul pour consoler et aider
« ses père et mère, déjà avancés en âge.

« Au moment heureux où la France changea de face,
« dans les premiers instants de la révolution, on le vit pren-
« dre le parti patriotique ; tout le monde sait qu'il fut ami
« sincère de la liberté, et partisan vrai de l'égalité : dans
« les divers entretiens que j'ai eus avec lui, je l'entendis mille

9

« fois se plaindre de sa trop faible complexion, et de son
« infirmité naturelle : que je souffre, me disait-il, de ne pou-
« voir seconder le courage de mes frères d'armes! Enfin, de
« jour en jour, on le voyait s'enflammer du désir de voler
« au secours de la Patrie, surtout lorsque les papiers publics
« qu'il lisait exactement, annonçaient quelques défaites, ou
« l'ennemi envahissant notre territoire.

« Des prêtres fanatiques, et ci-devant nobles, rassemblés
« dans le département de la Vendée, se soulevèrent et
« entraînèrent dans leur révolte les habitants de cette
« malheureuse contrée ; semblables à ces brouillards épais
« qui, s'élevant des marais fangeux, infectent l'air qu'ils
« parcourent et ne s'arrêtent que pour porter la désolation
« et la mort. C'est dans ces intervalles que, n'écoutant plus
« la faiblesse de son tempérament, ni son infirmité natu-
« relle, ni la voix plaintive de ses parents, c'est surtout au
« moment où les commissaires de notre département vinrent
« annoncer le danger de la Patrie, et la prochaine entrée
« des rebelles sur notre territoire ; ce fut, dis-je, à cet
« instant que, comptant sur son grand courage, il alla, le
« lendemain de la proclamation, s'enrôler, affligé de voir
« des jeunes gens, et les plus robustes, sourds à la voix de
« la Patrie, désolée de toutes parts.

« Peu de temps auparavant, son père venait de lui
« montrer le danger qu'il courait, lui parlant ainsi :

« Quoi, cher enfant ! tu connais ton infirmité, ton faible
« tempérament, penses-tu pouvoir résister, coucher sous la
« tente, souvent au bivouac, et quelquefois être vingt-quatre
« heures sans manger, et tu sais qu'en partant tu me laisses
« dans l'embarras, et ta pauvre mère, éplorée, mourra de
« douleur ? Pour toute réponse il dit : — Mon père, le grand
« courage surmonte toute difficulté ; et vous n'ignorez pas
« que l'intérêt général l'emporte sur l'intérêt particulier.

« Et pourrais-je voir, d'un œil tranquille, ces brigands
« venir dans notre pays, piller, brûler tout, renverser, au
« mépris de la Nation, notre arbre chéri de la liberté, et
« vous voir égorger, sans pitié, par ces fanatiques ? Non,
« mon père, il n'en sera pas ainsi, j'irai vous défendre,
« ainsi que moi ; je combattrai jusqu'à la mort, et je ferai
« mordre la poussière à autant de rebelles que j'en ren-
« contrerai.

« Voilà, citoyens, ce que je lui ai entendu dire moi-
« même ; voilà quels furent ses sentiments ; son grand

« courage lui valut la couronne civique de martyr de la
« liberté. Ce fut dans la journée du 15 juillet, dans les
« vignes de Thouard, qu'il versa son sang pour la défense
« de la Patrie, notre mère commune.

« Chers parents d'un guerrier si courageux, quelle
« gloire pour vous d'avoir un enfant qui a su bien mériter
« de la Patrie ; c'est le bonheur de votre famille, et ses
« dépouilles sanglantes feront l'ornement de votre maison.

« Et vous, jeunes gens, qui partageâtes les mêmes
« dangers, défenseurs officieux d'une Nation généreuse,
« vengez, dans le sang impur de ces cruels brigands, la
« mort de votre généreux camarade, car il est plus glorieux
« de mourir pour la Patrie, que de se voir charger de
« chaines, et rentrer dans le plus dur esclavage.

« Mânes du plus zélé républicain, pardonne (sic) à ton
« ami s'il manque quelques coups de pinceaux à ton
« portrait

« Citoyens, pardonnez à mon style simple et abattu,
« sorti de ma plume avec précipitation.

« Et toi, cher ami, que je célèbre sans art, si la voix
« des mortels pénètre chez les morts, comptent parmi les
« singularités de ta vie, et ce discours que je fais pour toi,
« et cette sépulture donnée par tes amis sur le champ même
« de bataille ; ces guerriers t'ont possédé un moment au
« milieu d'eux, ils t'ont remis dans le sein de la terre d'où
« tu sortis.

« Pour nous, avec tes concitoyens, nous venons te
« recommander aux prières de ces prêtres médiateurs de
« l'Etre Suprême.

« Maintenant que tu es devant lui, l'amour de ton pays,
« le danger que tu courus, ton sang répandu au combat
« pour le salut de ta Patrie ; tout cela sans doute touche le
« père des mortels.

« Ombre de mon digne ami ! repose en paix dans le sein
« de la renommée, ce qui vaut mieux qu'un siècle de
« bonheur.

« Jeunesse brillante, qui paraissez insensible aux mal-
« heurs de votre pays, il me semble l'entendre du fonds de
« sa tombe, vous adresser ces paroles : ô vous, qui fûtes
« les témoins de ma vie, ce ne sont point des larmes que je
« demande, mais plutôt prenez les armes ; allez repousser
« ces cohortes étrangères, souillant sans respect la terre
« de la liberté, ou écrasez ces rebelles qui déchirent le sein

« de leur mère. C'est ainsi que les mânes d'un guerrier sont
« apaisées. *Vive la République !* »

Voilà comment par de creuses dissertations on prétendait
remplacer les leçons et les consolations de la Religion !

La Ferté demeura sous ce régime jusqu'au Concordat
(1801).

Après la mort de Robespierre, il y eut un instant de relâ-
che dans la persécution religieuse.

Mais bientôt reprirent les mesures rigoureuses, et ce
peuple qu'on s'était vanté de soustraire *au joug de la Reli-*
gion révélée, se vit assujetti, *sous peine de mort*, à toutes
les exigences ridicules d'une organisation soi-disant religieuse.

Les jours ne furent plus désignés par le nom vénérable
de nos Saints, mais par celui de plantes, de fruits, d'animaux ; ainsi le premier jour de l'année républicaine s'appelait *raisin*, le deuxième *safran*, le troisième *chataigne*, le
cinquième *cheval*, etc.

Les dénominations les plus drôlatiques servaient à dési-
gner les personnes.

Ceux-ci s'appelaient *Brutus*, et celles-là s'appelaient
Indivisibilité, etc.

Et pour ce qui est du culte divin, le Dimanche fut sup-
primé et remplacé par la Décade.

Malheur à ceux qui paraissaient affectionner encore le
Dimanche ! Il ne fallait plus se reposer que le *Décadi*.

Il est bon, nous semble-t-il, de prendre sur le fait, les
aberrations dans lesquelles tombe une société, quand elle a
rejeté l'idée de Dieu, ou qu'elle prétend n'avoir à relever que
des lumières de la raison, pour la réglementation de ses
devoirs envers « l'Etre suprême ».

S'il nous était permis de montrer par un fait particulier,
à quelles niaiseries on peut descendre quand on s'est engagé
dans cette voie, nous citerions le cas que l'on faisait de l'idée
de Dieu dans l'éducation des enfants, et quand on se
rappelle ce que ce système d'éducation a produit, on tremble
pour l'avenir des nations qui veulent reprendre de si cou-
pables traditions.

« Un membre (de Conseil) dit que pour donner dans
« chaque école de l'émulation aux enfants qui y sont
« réunis, il conviendrait que dans l'Assemblée qui se tient
« chaque jour de décade, dans le *Temple de la Raison*, celui
« de ses enfants qui, de l'aveu de ses camarades, aurait

« mienx rempli ses devoirs et contenté ses maitres, montàt
« à la tribune pour y prononcer soit un article des *Droits*
« *de l'Homme et de la Constitution*, soit quelque discours
« ou leçons que leur auraient enseigné les maitres.

« Le Conseil général, ouï l'agent national, adopte ces
« disposi'ions et arrette qu'elles seront communiquées à
« chaque instituteur avec invitation de s'y conformer. » (1).

En vérité, le catéchisme n'était pas avantageusement
remplacé ! Il eut été cent fois préférable de parler à ces
enfants de leurs *devoirs*.

Qu'on ait tant qu'on voudra un goût prononcé pour ce
qui ne se rattache pas à la Révélation. il nous semble
difficile de pouvoir accepter comme supérieurs à ce que la
Loi de Dieu ordonne aux enfants, les moyens employés par
la *religion du Décadi !*

Nous croirions sortir du cadre que nous nous sommes
imposé. en relatant, jour par jour, tout ce qui s'est fait à
La Ferté contre l'honneur dù à la Maison de Dieu.

Avec le progrès de la Révolution, notre église eut le
malheur d'ètre choisie comme *Temple décadaire*, c'est-à-
d re qu'elle servait aux réunions cantonales essentiellement
laïques.

Ces réunions commençaient à 9 heures du matin, et le
culte ne pouvait reprendre qu'à 5 heures (2) ; par culte on
entend ici toutes cérémonies que pouvaient désirer les
citoyens, quelques fussent leurs croyances.

« La réunion des citoyens aura lieu. chaque décade, au
« chef-lieu de canton, dans le local consacré à l usage des
« divers cultes. »

A ce compte, Juifs, Mahométans, comme les Chrétiens,
pouvaient se servir de l Eglise ! !

Est-ce assez déraisonnable et odieux ?

Tout le monde sait la sourde résistance qu'opposa à ces
entreprises le bon sens français ; c'était, comme toujours,
l'infini petit nombre qui s'imposait à la grande masse du
peuple.

Aussi fallait-il recourir à la menace (3) pour amener aux
fêtes décadaires des gens qui jouaient à l'enthousiasme alors
que leur cœur était rempli de crainte.

(1) D. 8, f. 94.

(2) 18 Vendémiaire an vri.

(3) Archives municipales 6 Frimaire an VI. Lettre du Ministre de l'Intérieur
concernant les fêtes décadaires.

On eut beau multiplier les fêtes, elles n'avaient pas le don d'intéresser le grand nombre.

Les âmes avaient besoin de savourer autre chose que la lecture de quelques arrêtés faits par *l'un des Administrateurs*, même quand le tout était accompagné de la MARSEILLAISE, ou de « *l'air chéri*, ÇA IRA » exécutés par l'orgue, dont Louis XIII avait entendu les mélodies sacrées.

Pour qu'on ne nous taxe pas d'exagération, nous insérons ici quelques compte rendus de ces fêtes. Franchement, on se demande comment une foule aurait pu s'enthousiasmer, si l'enthousiasme n'avait point été de commande!

Aussi les livrer à la publicité, c'est pour notre église la plus noble vengeance des outrages qu'elle a reçus à l'occasion de ces solennités profanes et sacrilèges.

Voici le premier decadi de brumaire an VII.

« Le dix brumaire septième de la République française
« une et indivisible, dix heures du matin, en exécution de
« la loi du 13 fructidor dernier, l'administration municipale
« en costume, suivie du commissaire du directoire exécutif
« et du secrétaire, se sont rendus au lieu de la réunion des
« citoyens accompagnés de plusieurs fonctionnaires publics
« et autres citoyens ou autres.

« A son entrée, dans le *temple de la Patrie*, l'orgue fit
« entendre, comme à l'ordinaire, cet *air chéri* du *Ah! ça
« ira*. Pendant ce temps, chacun prit place, et le président,
« après avoir commandé le silence, invita l'un des adminis-
« trateurs de monter à la tribune où il fut fait lecture :

« 1° De la loi du 27 vendémiaire qui ordonne la percep-
« tion d'un octroi pour l'acquit des dépenses locales de la
« commune de Paris ;

« 2° De l'arrêté du directoire exécutif du 17 vendémiaire
« concernant les bataillons de la garnison ;

« 3° De la loi du 21, même mois, concernant fixation
« des dépenses du corps législatif pour l'an VII ;

« 4° De la loi du 26 suivant, relative à une aliénation
« des domaines nationaux jusqu'à concurrence de 125 mil-
« lions ;

« 5° De la lettre des administrations du département de
« Seine-et-Marne du 29, même mois, relative à la fixation
« des jours pour l'ouverture des expirations des locations
« rurales et autres sur des jours de l'annuaire républicain ;

« 6° Du n° 4 du bulletin décadaire ;

« 7° De la notice des naissances et décès survenus
« pendant la décade dans quelques communes ou autres ;

« Ces lectures terminées furent suivies du chant de la
« liberté et de cette *strophe sacrée* :

Amour sacré de la Patrie

« laquelle fut répétée en chœur par tous les assistants.
« Après quoi, le président a levé la séance.

« Le reste de la journée s'est passé en jeux et diver-
« tissements.

Le deuxième decadi est bien plus solennel.

« Ce aujourd'hui decadi 20 brumaire, septième année de
« la République française une indivisible, dix heures du
« matin, en exécution de la loi du 13 fructidor dernier, les
« membres composant l'administration municipale des
« cantons de La Ferté-sous-Jouarre, se sont rendus, en
« costume, au temple décadaire, accompagnés du commis-
« saire du directoire exécutif et du secrétaire.

« Déjà, *ce temple* était rempli d'une assez grande
« quantité de citoyens et citoyennes que, sans doute, la
« grande solennité des mariages qui devaient avoir lieu,
« avait appelés.

« Plusieurs fonctionnaires, publics ou autres, les insti-
« tuteurs et institutrices et leurs élèves, occupaient déjà les
« places qui leur avaient été assignées. En effet, cette
« journée devait être célébrée avec beaucoup plus d'éclat
« et de pompe.

« L'administration, dès la veille, avait prévenu ses
« citoyens qu'elle n'avait rien négligé pour fournir à *ce*
« *nouveau temple* les déclarations dont le ministre de
« l'intérieur parle dans les diverses lettres qu'il a adressées
« aux citoyens, aux administrations et sur lesquelles il
« appelle particulièrement leur attention.

« Au moment même où l'administration est rentrée
« dans le lieu de la cérémonie, un concert harmonieux,
« écouté, avec plaisir, de tous les assistants, fut l'heureux
« présage des succès qu'obtiendraient par la suite les
« réunions décadaires.

« Est-il, au surplus, un spectacle plus ravissant que
« celui de ce peuple en fête, réuni pour chanter sa liberté ?
« Quel tableau plus ravissant que celui de sept familles ras-
« semblées dans un même lieu pour être témoins de la foi
« mutuelle de ces jeunes époux !

« Quelles douces émotions et quelles sensations ne
« doit-on pas éprouver ? Enfin *quel triomphe pour la foi et*
« *la vertu !*

« Ici, un vieillard, dont la conduite irréprochable a
« mérité l'admiration de tous les hommes, reçoit des auto-
« rités constituées une place distinguée, il est offert en
« modèle à ses concitoyens.

« Là, un militaire, couvert de blessures, dont la tête a
« blanchi dans les combats, vient apprendre aux jeunes
« gens l'art de combattre, leur raconte les victoires qu'il a
« remportées et fait naitre aussi dans leur cœur le désir de
« servir leur patrie.

« Plus loin, un bon père de famille, estimé de ses
« enfants, présente aux yeux l'image de l'amour filial et de
« la tendresse paternelle.

« C'est ainsi que les nouvelles institutions l'emportent
« sur les préjugés et les vieilles habitudes ».

Quel charabia ! Comme si on avait attendu jusqu'à la
Révolution pour respecter les vieillards, honorer le courage
militaire ; comme si la tendresse paternelle avait été
inconnue jusqu'alors !

« La lecture des lois, le récit des belles actions, les
« affaires générales de la République remueront toujours la
« majeure partie des citoyens.

« L'administration ne peut que s'applaudir du concours
« nombreux des citoyens qui ont assisté en cette journée
« à la cérémonie décadaire.

« Elle ose espérer du patriotisme de ses citoyens, que ce
« ne sera pas en vain que les législateurs auront créé ces
« fêtes, naturellement propres à inspirer aux plus indiffé-
« rents, de l'amour pour la vertu, du respect pour les lois et
« un sincère attachement à la République française.

Après les Décadi veut-on un spécimen des fêtes.
Voici celle de la Souveraineté du peuple :

Fête de la souveraineté du peuple, célébrée à La Ferté-
sous-Jouarre, le 30 Ventôse, an 7.

Procès-verbal de la fête de la souveraineté du peuple,
célébrée en l'an 7.

« Ce aujourd'hui, 30 ventôse, 7e année de la République
« française, vers les 5 heures du matin, une décharge d'ar-
« tillerie annonça que ce jour était consacré à la fête du
« peuple.

« Dès la veille une pareille décharge se fit entendre, les
« tambours battirent la retraite et furent l'heureux présage
« de l'auguste cérémonie qui devait avoir lieu le lendemain.

« A 9 heures, la garde nationale, sous les armes, se ren-

« dit sur la place publique précédée d'une musique militaire,
« un détachement de cavalerie, placé au bas des degrés de
« la salle de l'administration, attendit la sortie de ces auto-
« rités constituées pour les accompagner et protéger le cor-
« tège.

« Dix heures sonnent, un coup de canon donne le signal
« du départ.

« L'Administration municipale suivie du commissaire du
« directoire exécutif, les juges de paix et leurs assesseurs et
« tous les fonctionnaires publics ou autres, descendent et se
« dirigent vers le temple décadaire.

« On arrive, chacun ayant pris place, l'orgue fit enten-
« dre les airs chéris de la liberté.

« Un membre de l'administration monte à la tribune et
« fait lecture de l'arrêté du directoire exécutif du 23 pluviose,
« qui ordonne la célébration de la fête de la souveraineté du
« peuple.

« Pendant ce temps les quatre appariteurs, portant des
« faisceaux, vont se placer aux quatre coins de l'autel de la
« patrie.

« Un groupe de jeunes gens, portant des inscriptions
« analogues à l'objet de la fête, entourent un jeune homme,
« qui tenait dans ses mains la charte constitutionnelle, et se
« tiennent debout devant l'autel de la patrie.

« Un silence profond règne dans toutes les parties du
« temple. un groupe de vieillards s'approchent des magis-
« trats et l'un d'eux prenant la parole leur adresse ces mots :

« *La souveraineté du peuple etc.*

« Après ce discours, le président de l'administration se
« lève et lui répond en ces termes :

« *Le peuple a sa part, etc.*

« A cette cérémonie succédèrent des chants patriotiques.

« On fait la lecture de la proclamation du Directoire
« exécutif, relatif aux élections, elle est écoutée avec un
« silence religieux ; des cris mille fois répétés : Vive la Ré-
« publique, Vive la Constitution, se font entendre à la suite
« de cette lecture ; les instruments prolongent ce moment
« d'allégresse générale par de doux concerts. De jeunes
« élèves des écoles primaires montent à la tribune et réci-
« tent, à la satisfaction de tous les assistants, plusieurs dis-
« cours analogues à l'objet de la réunion. Le Président leur
« donne l'accolade fraternelle. Cette cérémonie fit impres-
« sion sur tous les citoyens présents et fit naître dans toutes
« les âmes l'émotion la plus douce.

« Le cortège est rentré dans le même ordre qu'il est venu.

« Des banquets civiques ont succédé.

« Ainsi se termina la première partie de la fête.

« A 4 heures après-midi, toutes les autorités constituées
« et les fonctionnaires publics se rendent de nouveau à la
« maison commune.

« Des courses à pied et à cheval devaient avoir lieu.

« On se rend au lieu indiqué.

« Déjà une multitude de citoyens bordaient l'enceinte à
« parcourir. Des jeunes gens vêtus de blanc se présentent et
« brûlent du désir de la victoire.

« Un roulement de tambours signale l'instant du départ,
« la barrière s'ouvre, les concurrents partent, tous les regards
« se portent sur eux, ils arrivent. Les vainqueurs sont en-
« tourés et reçoivent des mains du Président de l'adminis-
« tration les différents prix qui leur étaient destinés. Des
« applaudissements sans nombre se prolongent à l'infini.

« Cette première course est suivie de la course à cheval ;
« l'ordre est donné, les coursiers s'élancent. Les vainqueurs
« descendent et reçoivent la récompense due à leur valeur.
« Des airs patriotiques se font entendre, des jeux se com-
« mencent et se prolongent fort avant dans la nuit.

« Ainsi se termina la belle journée de la fête du peuple. »

Il y avait la fête du 10 août, celle de la jeunesse, celle
des époux, etc., elles sont toutes dans le même goût.

Mais, en voilà bien assez pour constater, hélas ! avec
trop de pièces à l'appui, que notre église a été, pendant de
longues années, piétinée par l'impiété, revêtant parfois des
formes patriotiques.

Toutes ces fêtes avaient pour centre l'*autel de la Patrie*.

C'était une très modeste construction en plâtre, élevée
au milieu de l'église.

Il fut renversé un jour aux acclamations de la foule.

Voici, au dire de M. Velu, le vénérable vieillard qui
nous a déjà fourni plusieurs autres renseignements, comment
les choses se seraient passées.

Son grand-père n'était pas très ardent pour le club
décadaire, on remarquait ses absences et on le signalait
comme *un blanc*.

Averti de ce qui se tramait contre lui, il vint un jour
au club. « Je demande la parole, s'écrie-t-il.

« — Tu l'as, répond le président.

« — Citoyen, reprend l'accusé, tu parles contre les

« superstitions. Or je vois que tu es toi même esclave des
« superstitions et montrant l'autel de plâtre : cet autel en
« est la preuve, j'en demande la destruction ».

La motion est approuvée, s'écrie la foule, et le fameux
autel fut démoli.

Il était temps que Dieu, dans sa bonté, après avoir châtié,
par la honte de ces orgies révolutionnaires, les moqueries
sans nombre et irréligieuses du XVIIIᵉ siècle, se souvint de
la Fille ainée de son Église.

Tant de sang versé et du plus pur ! tant de sacrifices
héroïques si saintement supportés par des milliers de prêtres
jetés en exil ou en prison, ne devaient pas demeurer sans
récompense, en faveur des justes : la France égarée,
coupable, fut pardonnée, et elle vit se fermer l'ère des
persécutions sanglantes.

Un Saint Pontife, un homme de génie rendirent à la
France Catholique un instant de repos ; ce sera, pour l'un
comme pour l'autre, la principale source de leur gloire ici-
bas.

Reconnaissance à Pie VII ! et heureux Napoléon, s'il
avait su toujours apprécier la Religion comme elle lui était
apparue au jour où il signait le Concordat !

CONCLUSION

Nous terminons ici ce travail qui a pris, comme à notre insu, des proportions que nous ne voulions pas, tout d'abord, lui donner. Disons toutefois avant de clore notre dernière page, que bien des choses de ce temps passé que nous avons esquissé, ont totalement disparu.

L'Ermitage de *Fontaine-Cerise* n'a pas laissé de traces, même dans le souvenir de nos contemporains. Il en est de même de la chapelle Saint-Léger, on voit que l'affaiblissement de la dévotion des ouvriers meuliers envers leur saint Patron ne date pas d'hier.

La chapelle du château de La Barre a disparu avec la maison seigneuriale.

Depuis de longues années, on n'a pas célébré la messe au château de Lagny : des transformations antérieures à l'arrivée du propriétaire actuel y avaient interrompu l'exercice du culte.

Nous dirons plus au long, dans un travail, comment les chapelles de la Maladrerie (Saint-Guinefort), de l'Hôtel-Dieu (Saint-Léonard), ont été réunies à l'œuvre de l'Hôpital.

Du Prieuré Saint-Martin, qui servit de grange depuis 1793 jusqu'en 1845, nous n'avons rien à ajouter à ce que nous avons dit au début de cette étude, sinon que par l'intelligence d'un ouvrier, nous sommes encore en possession de la cloche qui a si longtemps éveillé les échos de la vallée du Morin.

En 1793, le sieur Velu, charpentier, (1) avait reçu l'ordre de descendre la cloche pour la joindre aux autres qu'on

---

(1) Le même qui avait déjà sauvé la grosse cloche de la paroisse.

(2) Nous tenons ces détails du petit-fils de M. Velu, l'auteur intelligent de cette opération.

devait envoyer à la fonderie, il résolut de la garder pour des temps meilleurs.

Il l'entra donc chez lui, la dissimula sous le lit de ses enfants, prêt à la rendre, plus tard, à sa primitive destination. Mais le Prieuré Saint-Martin n'ayant plus été rendu au culte, sa cloche fut apportée à l'église paroissiale, et c'est elle qui tous les jours, en semaine, par ses tintements argentins, appelle les fidèles au saint sacrifice de la messe, ou bien annonce les funérailles des petits enfants.

Si Dieu nous prête vie, nous mettrons un jour, sous les yeux de nos chers paroissiens, le tableau religieux de notre XIXᵉ siècle à La Ferté-sous-Jouarre.

Commencé dans les plus dures conditions, il va bientôt s'achever. Au cours de ces cent ans nos vénérables prédécesseurs ont, les uns après les autres, apporté à l'édifice spirituel de la paroisse et leur dévouement et leur désintéressement, les vertus, en un mot, qui font les bons prêtres.

Fasse Notre Seigneur Jésus-Christ que leur successeur ne soit pas indigne de mettre son nom à la suite de leur nom respecté et vénéré.

Mais pendant qu'ils ont travaillé aux âmes, le temps, dont rien n'arrête l'action ici-bas, a fait aussi son œuvre sur le monument dont nous venons de raconter l'histoire.

De tous côtés se manifestent des marques non équivoques de son état fâcheux.

Que fera-t-on ? Il y a là, une question de premier ordre, bien digne d'occuper l'attention d'une municipalité intelligente

L'église du XVᵉ siècle, très vieille avant l'âge, a subi de nombreux remaniements qui n'ont pas eu pour résultat de l'embellir ni de la consolider.

Nous n'avons pas à faire entendre un plaidoyer pour ou contre ce sanctuaire, mais si, avant que nous déposions la plume, on veut, à La Ferté, connaître notre pensée, nous n'hésitons pas à dire que La Ferté s'honorerait en faisant quelques sacrifices, pour se donner une église digne du Dieu qui y habite.

Ce sentiment religieux, du reste, se rencontre avec le désir de ceux qui, en grand nombre, verraient avec joie un gracieux clocher s'élever au milieu du paysage déjà si beau de La Ferté-sous-Jouarre.

Et si l'heure de poser la première pierre n'est pas encore sonnée, celle de résoudre la question qui, depuis dix-huit mois, préoccupe l'opinion, nous paraît venue. Oui ou non, aurons-nous une nouvelle église ? Ou bien se bornera-t-on à faire de perpétuelles réparations qui ne feront jamais de l'édifice actuel un monument satisfaisant au point de vue de l'esthétique et de la solidité.

Oh ! la belle idée que celle de bâtir ici une église tout entière avec les pierres extraites du fond de notre sol ! Oh ! la pensée plus belle encore ! retrouver les enfants de La Fère trop souvent divisés, réunis dans le même amour de Dieu, chantant un *Te Deum* à l'aurore du xx⁰ siècle, dans la nouvelle église, qui sera le plus bel ornement de notre cité si coquette, et le refuge aimé des âmes qui, à mesure qu'elles s'avancent dans la vie, sentent davantage le besoin de s'appuyer sur Dieu.

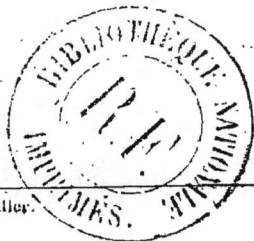

Neaux. — Imp. Valery Poulaillier.

www.ingramcontent.com/pod-product-compliance
Lightning Source LLC
Chambersburg PA
CBHW071801090426
42737CB00012B/1908